JN068109

[新版]

英語の発信力を 強化するレッスン

今井康人 Yasuhito Imai

Lessons to Improve English
Language Production

はじめに

　英語の学習熱はどんどん高まり、冷める気配はないようです。誰もが英語を使えるようになりたい気持ちに違いはないでしょう。でもなかなか思うように上達しません。地道にコツコツ積み上げる方法がやはり近道と言われていますが、認知言語学をはじめ、色々な研究成果がある現代では、英語学習の本質に関わるコツのようなものがあるはずです。

　本書は人々の英語学習熱に対して「なるほどそうだったのか」と膝を打つような感心と共に、学びと習得の喜びをお届けすることを目的にしています。具体的には、皆さんの英語力の基礎から発信までの一助となることが目標です。発信力とは主にSpeaking と Writing の英語力です。英語の発信ができれば、会話もメールもスムーズにできます。

　英語学習に熱心な皆さんに具体的な方策を提示するためにこの本を書きました。また、英語の学び方に悩んでいる人々に効果的な手法をお伝えすることで、少しでも希望の光をお届けできればと思っています。各章についてお伝えいたします。

第1章　基本表現のマスター
　英語力は英文力でもあります。どれだけの英文を内在化し、

自由自在に使えるかということです。自分の気持ちを表現できる英文をどれだけマスターしているかによって英語力は向上していきます。ですので、日常生活で役立つ英文を提示し、理解し、音読することで内在化し、発信できるレベルに持っていくことであなたの本当の英語力になることでしょう。

第2章　間違えやすい英文法

　ネイティブの英語の使い方が次々と解明されてきました。やはり認知言語学などの研究成果でしょう。そして、その正しい英語の使い方を理解することで英語を話すときに自信を持って使うことができるようになります。例えば、Nice to meet you. と言われて、Me, too. と答える人が多いです。「お会いできてうれしいです」「私もです」と日本語で考えればごく自然な受け答えですが、英語では間違いです。日本語の「私もです」に相当する英語は「You, too.」や「Nice to meet you, too.」と答えたほうが良いのです。詳しくは第2章でご覧ください。今こそ、正しい英語を使う時ですね。

第3章　英語の本当の音をつかむ

　Listening で苦しんでいる英語学習者は多いでしょう。僕も含めて、何百回も英語を聞き続ければいつの間にか聞けるようになると教えられてきました。しかし、本当にそうでしょうか。聞いて理解できない音を何度聞いても、なかなか聞けるように

なりません。しかし今では、科学的にリスニングすると聞けるようになります。正確に言うと、英語の音韻システムを理解し、自分でも発音できるようになれば、間違いなく聞けるようになります。僕が自分で試したので間違いありません。英語特有の音の特徴を理解し、自分でも発音できるようにするとスムーズに聞けるようになります。特徴的な英語音をご紹介します。

第4章　発信力強化のレッスン

　英語学習者のほとんどは自学しています。その一方、高校、大学、英会話学校などで良い授業を受けている人が英語力を伸ばしていることも事実です。それは学び方が正しいからです。正しい方法で学ぶので成果も上がり、やる気も出ます。授業では効果的な手法で適切な教材を使い、正しい学び方を伝えることで、学習者の皆さんの英語力は大きく向上します。どのような教え方をすると英語力が伸長するのか、その手法を知ることで、自分流にカスタマイズすることができます。ここでは、英語学習の基礎である文法・語法の学びや日本人が最も苦手とする英作文力の向上方法についてお伝えします。

　英作文は重要であるのに、その学びの方法はなかなか進化していませんでした。指導法としては、学習者が書いた英文を教員がひたすら添削するしかなかったのです。そこで研究開発したのが、COC と SSCC です。

　COC は Chain Opinion Composition の略です。日本語では「連

鎖意見英作文」と訳し、著者が命名しました。詳しくは第4章をご覧いただければと思いますが、英作文で必要な「流暢さ」fluency を鍛えるための勉強法です。この流暢さが鍛えられますとスムーズに書いたり、話したりできるようになります。英文を書く時に、頭に英文がすんなりと湧き上がってくる感覚です。この流暢さを鍛える最も良い方法は、ひたすら書くことです。正しい英文は SSCC で鍛えるので、この二つの活動が両輪となり、英作文力は向上します。

SSCC は Simultaneous Self-Check Composition の略です。日本語では「同時自己添削英作文」と訳しています。この手法では、英作文の「正確性」accuracy を育成します。英語のルールを正しく理解し、自分が書く英文や話す英語に反映させます。正しい英文ですので、正確に伝わります。口頭で与えられた日本語に対する英文を自分で書きます。そして、すぐに自分で正解の英文をもとに自己添削します。自分で自分の英文のチェックをしますので、同じミスが激減します。同時に自分特有のミスに気が付き、さらに良い表現を習得します。

この二つの指導を受けた生徒さんたちはめきめきと上達しています。また、英文法も解説を聞いて、問題を解くという手法から、音声で多くの英文に触れながら考え、実際に自分の声で英語を話すことで正しい英文が自分に定着します。この手法（PPP と呼んでいます）もお伝えします。これらの手法を是非、英語教育に関わる皆さんや学習する皆さんに理解していただ

き、ご自分の授業や学び方にプラスの作用を取り入れていただければと思います。皆さんのお役に立てると思います。

　この本は以下のような方々のための本です。

1）　独習で基本から応用まで英語力を伸長させたい人
2）　これから英語学習を本格的に取り組みたい人
3）　将来、英語を自由に使いたい人
4）　英語力の伸長方法を知りたい人
5）　英語を上手く教えるようになりたい人

　皆さんの英語学習の一助になれば、これ以上の喜びはありません。この本が多くの皆様と英語を学ぶきっかけになり、あるいはさらなる英語力や授業力の深化に貢献できますことを心より願っています。

　※この本を使ったミニ授業『英語の発信力を強化するレッスン』を、YouTube にて著者より配信予定です。

[目次]

- 英作文ができるとスピーキングに効果があるのはなぜか
- 英作文力強化の具体的な手法
- SSCC（同時自己添削英作文）
- COC（連鎖意見英作文）
- 英文法は音で学ぶ
- PPP（パターン・プラクティス・ペアワーク）という手法紹介
- 教えない英文法
- 「気付きノート」で実用的な英文法を学ぶ
- 認知言語学で英語表現が変わる
- ネイティブと日本人の感覚の違い

装丁　柴田淳デザイン室

第1章 基本表現のマスター

● 具体例から考えよう

　実際のコミュニケーションの場面でどのような英語を使うべきなのか、その場面、場面に合う英語が求められています。

　今回は実際の日常生活の様子を英語で表現してみます。これらの英文で気づくことがあります。言いたいことを表すには、S（主語）+V（動詞）、S+V+C（補語）、S+V+O（目的語）の3種類の組み合わせでほとんど言えるのです。では、実際の英文をご紹介します。朝起きてから寝るまでの一日をまず英語にしてみました。時々、解説も入れています。

● 朝から寝るまでの自分の行動を英語にしてみよう
　　　——具体的な英語表現100

1　朝食は何を食べますか？　**What do you usually have for breakfast?**

　「～を食べる」には、eat と have があります。違いは何でしょう。eat は食べるという行為に重点があり、個人で食べる場合に使われます。

それに対して、have は食べる時間を持つイメージです。ですので、個人ではなく、複数で食事を食べる時に使います。Let's have lunch. は良いですが、Let's eat lunch. は食べようと言っているのに個人個人で食べるイメージなので、奇妙な感じになります。また、eat よりも have の方が丁寧な表現になります。

2　パンですか、ご飯ですか？
Which do you usually eat, bread or rice?

3　何かのアレルギーはないですか？　**Do you have any allergies?**

　have, hold, carry は「持つ」という意味ですが、違いは何でしょうか？ じつは、have は手で持たない「持つ」という意味です。I have black hair. などは特徴的な英文です。そして、hold は実際に手に持っている時に使います。Could you hold my bag?　I'd like to go to the bathroom. と言うことができます。さらに carry は持っている時間が長い時に使います。She always carries tissues when she goes out.
　allergie は「あらじぃ」と発音します。

4　時間がないです。　**I have no time for breakfast.**

　no ＋名詞の no は、存在や可能性が 0 であることを示しています。また、「〜禁止」「〜反対」という意味でも使われます。例えば、NO SMOKING「禁煙」、NO WAR「戦争反対」です。

5　急ぎましょう。　Let's hurry.

　「〜しましょう」は Let's であると日本では教えられています。しかし、欧米ではポスターに Let's~ は使われません。この表現は欧米では、非常に弱い表現として使われています。ポスターではもっと強い表現が使われるほうが普通です。例えば、NO PARKING（駐車禁止）などです。

6　鍵はどうしますか？　What will you do with the room key?

　do with ~「〜を処理する」というイディオムです。with は前置詞です。

7　では、行ってきます。　Well, I'm going now.

8　気をつけてね。　Take care.

9　今日は天気がよいですね。　It's nice weather today, isn't it?

　~, isn't it? などのような表現が文末につく付加疑問文は、同意と確認のための表現です。「〜ですね」という意味で使われています。

10　あいにくの雨ですね。　Too bad we're having rain today.

11　今日は雪が降りそうですね。　Looks like snow today.

　「〜しそうです」には look と seem があります。look は目で見て判断して、「〜しそうです」となります。seem は状況から判断します。

いろいろな判断材料から考えています。seem の方が色々な理由があることが分かります。この英文では look like がふさわしいでしょう。

12　最近、暑いですね。　It's very hot these days, isn't it?

13　蒸し暑いですね。　It's humid today.

14　お会いできて嬉しいです。　It's nice to see you.

nice, good はともに「良い」という意味ですが、good の方が一般的に使われます。ただし、「とても主観的に良いね」くらいの感じで、「まあまあ良いね」というイメージです。それに対して、nice は感動も含めて「良い」というニュアンスが入りますので、good よりも nice の方が良いイメージが強いのです。さらに良いイメージが強い英単語が、wonderful です。最高に良いは great でしょう。

15　調子どうですか？　How are you?

16　今日は気分が最悪です。　I feel terrible today.

17　超忙しいです。　I'm so busy with work.

with は「〜と一緒に」という意味で使われますが、原因・理由でも使われます。この英文でも、非常に忙しい原因は仕事であることが分かります。I jumped with surprise when she accepted my invitation.（彼女が僕の招待を受け取ってくれて、驚きで飛び上がりました。）

18　ぽちぽちです。　**Not too good, not too bad.**

19　遅れて本当に申し訳ありません。　**I'm really sorry I'm late.**

自分に非がある時には、I'm sorry. が適切です。もっと謝罪したいときは、I'm so sorry. です。Excuse me. は、「すみません」と呼びかけるときに使うことが多いのです。多くの場合、後ろに but が続きます。Excuse me, but I have a question. などと使います。

20　そんなつもりではなかったのです。　**I didn't mean it.**

21　ご面倒をおかけしてすみません。

I apologize for the inconvenience.

会話では sorry をよく使います。しかし、文章では apologize を使います。apologize はよりフォーマルな表現になります。人込みの中から多少ぶつかりながら出てくる時などは Excuse me. が使われます。

22　いろいろとありがとうございます。

Thank you for everything.

23　ご協力に感謝します。　**Thank you for cooperating so kindly.**

24　時間を頂いて感謝します。　**Thank you for your time.**

「thank 人 for（内容や物）」とまとめることができます。for 以下に具体的な内容を入れると良いでしょう。

25　昼食を一緒にどうですか。

　Would you like to have lunch with me?

would like to は「〜したい」という意味です。want to〜 よりも丁寧な表現ですので、実際にはこちらの方が、使用頻度が高くなります。日本ではこれまで「〜したい」は want と言うことが多かったのですが、実際には would like to〜 の方がよく使われています。

26　軽く飲みませんか。　How about a drink?

27　タクシーで行きませんか。　Why don't we go by taxi?

How about 〜? も Why don't we〜? も「〜しませんか？」という提案を示すことが多いです。「〜はどのような状態でしょうか？」と聞きたいときは、How is 〜? を使いましょう。How is the weather today?「今日の天気はいかがでしょうか？」となります。

28　本社は、新宿にあります。　Our head office is in Shinjuku.

29　夫は外国にいます。　My husband is working abroad.

30　営業課に新人の女性がいます。

There's a new female recruit in the sales department.

「〜がある」と言う場合、S+ be 動詞と there is (are)〜 の使い分けが難しい場合があります。会話の途中でいきなり、There is a tiger in the zoo. と言うのは奇妙です。なぜなら、この表現は新情報に使われることが多いので、会話の最初に、「じつは〜があります」という新情報を与える場合に使うのです。あるいは、新しい話題の提供に使うのは良いでしょう。感覚としては、「あるはずのないものが〜にある」というような驚きなどが伴う場合に使うほうが良いでしょう。

31　すてきな女性ですね。どこで知り合ったのですか。

　　She's a lovely lady. Where did you meet her?

32　なぜ日本に来たのですか。　**What did you come to Japan for?**

33　大学では何を専攻したのですか。

　　What was your major in college?

34　いつ会社を辞めたのですか。　**When did you quit your job?**

35　いつお目にかかりましょうか。　**When shall we meet?**

meet は「〜に会う」という意味です。「〜に会う」には see もあります。see は〜を見るという意味もあります。見るには see, look, watch がありますが、使い方が違います。see は視界に入るものを見るイメージで、「何となく見る」です。見るという行為よりも「理解する、分かる」というイメージもあります。look は意識して見るという意味で、見たいものの方向に目を向けます。watch はかなり注意深く見ます。さらに see は様子を見るというイメージもあり、I see. は「わかりました」という意味になります。I'll see. は「いずれわかるでしょう」という

意味になります。

36 彼は会社をクビになりました。　He got fired from his job.

37 彼は部長に昇進した。　He was promoted to the director.

38 ダイエットすることは、健康に必ずしもよくない。

Dieting is not necessarily good for your health.

ダイエットすることは dieting で表現できます。自分がダイエットを
している場合は、I'm on a diet. と言います。これからダイエットをす
る場合は I'm going on a diet という表現を使いましょう。

39 残業することは構いません。　You can work overtime.

40 自分に誇りを持つことが最も大切です。

The most important thing is to take pride in yourself.

41 彼は私と同じくらいの年です。

He's about the same age as I am.

「約〜、およそ〜」という意味での about は口語でも文章でも
使えますが、論文や公式の文書では approximately を使います。
approximately の方がよりフォーマルな表現になります。

42 妻は私より 10 歳若いです。

My wife is 10 years younger than I am.

than は「〜より」という意味です。than は接続詞ですので、後ろに主語と動詞が来ても良いのです。

My father took a different approach to it than my mother did.

「父は母と違った取り組みをした」。

43　派手な色より渋い色が好きです。

I like dark colors more than bright ones.

44　私が彼だったら、あんな女性とは別れます。

If I were him, I would break up with such a woman.

この英文は仮定法が使われています。事実とは異なることを想像する時に使われる表現です。

45　急げば間に合います。　You can make it in time if you hurry.

この英文は仮定法ではありません。「急げば間に合う」という事実を述べているので直接法と呼ばれています。ここで使われている「make it」は「うまくやる、やり遂げる」という意味です。

46　彼に出会っていなかったら、私の人生は悲惨だったでしょう。

If I had not met him, my life would have been miserable.

実際には悲惨な人生にはなっていないので、事実とは異なる内容を仮定法で表しています。

47　もっとまじめに働いておけばよかったのに。

You should have worked more seriously.

これも仮定法です。仮定法の過去完了形で、「～だったらよかったのに」という願望や後悔を表しています。

48　あなたの考えに賛成（反対）です。

I agree with you. (I disagree with you.)

49　残念ながら、そのドレスは高すぎます。

It's too bad that the dress is too expensive.

too は「とても～」という意味ですが、否定的な意味を含んでいますので、値段が高すぎて買えないという意味になります。

50　彼は、頭はいいのですが、人柄がよくない。

He's indeed smart, but his personality is not so great.

51　彼は視野が広い。　He's broad-minded.

52　彼は地頭がいい。　He's clever by nature.

53　彼はこそくだ。　He's cunning.

自分の利益のためにずるいことをしている場合は cunning を使います。欧米の子供たちが親に文句をいう時によく使う表現は not fair です。これは子供たちが大人に対してよく使う「ずるい」という表現です。不正行為のずるいは cheat を使います。日本でのカンニングに

当たる英単語は cheat です。不誠実な場合は dishonest を使いましょう。

54　なるほど。　**I see.**

55　本当に？　**Really?**

56　分かります。　**I understand.**

57　嬉しいよ。　**I'm glad.**

58　本当に最高。　**I feel great.**

59　ドキドキするわ。　**I'm so excited.**

60　感動したよ。　**I was impressed.**

61　素晴らしいものだった。　**It was wonderful.**

素晴らしいの度合いです。右に行くほど度合いが大きくなります。

good ＜ nice ＜ wonderful ＜ great

62　今までで一番すごかったよ。

It was the most amazing thing ever.

ever は「これまで、今まで」を意味する副詞です。

63　最悪の気分です。　**I feel the worst.**

64　彼には頭に来たよ。　**He really drove me crazy.**

65　許せないよ。　**I can't forgive him.**

66　あり得ないよ。　**It's impossible.**

67 こんな悲しいことはない。　I've never felt so sad.

68 悲劇だ。　How tragic!

69 ありえないよ。　It can't be.

70 泣くしかないよ。　We can do nothing but cry.

71 落ち込んだよ。　I feel depressed.

72 苦あれば楽あり。　There's joy if there is pain.

73 楽しんだ後は、少し勉強します。

　After having fun, I always study a little.

74 楽しいことだけを考えて生きていきたい。

　I want to live thinking only about fun things.

75 いざというときのために備えておかないとね。

　We should put aside money for a rainy day.

　ここでの should は義務・忠告で「〜したほうが良いですよ」という
　意味で使われています。had better は命令的な意味合いが強いので気
　をつけましょう。

76 お気持ち、お察しします。　I understand how you feel.

77 お疲れ様です。　Good work today.

78 ただいま。お帰りなさい。　I'm home. Welcome home.

79 おなか空いたよ。　ご飯できてるよ。

　I'm hungry. Dinner is ready.

80　今日は大変だったよ。　**I worked too hard today.**

81　ご苦労様でした。　**Thank you for your good work.**

82　仕事が忙しかったよ。　**I was busy at work today.**

83　ご飯ですよ。　**Dinner's waiting for you.**

英語らしい表現です。ここでは、Dinner（夕食）という人以外のものを主語にしています。無生物主語と呼びます。直訳は「夕食があなたを待っています」です。

84　バランス良く食べてね。

You should have a well-balanced diet.

85　日本の漬け物は苦手です。　**I don't like Japanese pickles.**

86　デザートはケーキとアイスクリームがありますが、どちらにしますか？

We have some cakes and ice creams for dessert. Which would you prefer?

87　珈琲をもう一杯ください。

Will you give me another cup of coffee?

88. 食器洗いを手伝いましょうか？

Shall I help you with the dishwashing?

「Shall I~?」は、アメリカではあまり使われません。アメリカでは、「Let's~? / Why don't we~? / Would you like me to~?」が使われることが

多いのです。

89　シャワーのスイッチはどれですか？

Which is the shower switch?

90　トイレを使った後は、アメリカではドアを少し開けています。

In the United States, they keep the toilet door open a bit after using it.

　トイレにはたくさんの表現があります。実際に訪れた著者の印象ですが、「toilet」はトイレの便座を示していて、英国やオーストラリアで使われているようです。「restroom」はアメリカでよく使われています。公衆トイレの意味です。休憩する所という意味があります。「bathroom」は家のトイレに使われることが多いようです。「washroom」も通じる英単語ですが、カナダでは公衆トイレの意味で使われています。「lavatory」は飛行機やホテルなど公共の場でよく見かけます。

91　すぐにシャワーに入って良いですか？

Can I take a shower now?

　「Can I~?」は、とても口語的な表現で仲の良い人同士で使います。家族や友人などです。初対面の人や年上の人に対して、許可をもらいたいときには、May I~? を使った方が良いでしょう。より丁寧な表現になります。

92　洗濯物があったら洗濯機に入れてください。

Please put the laundry in the washing machine.

93　洗濯機の使い方、分かりますか？

Do you know how to use the washing machine?

94　洗濯機に乾燥機能がついています。

This washing machine has a drying function.

95　寝る前には、必ず、歯を磨きます。

Before going to bed, I always brush my teeth.

96　今夜は寒そうなので毛布を一枚貸してください。

Since it's going to be cold tonight, could you lend me a blanket?

97　明日何時に起きますか？

What time will you get up tomorrow?

「起きる」は get up ですが、誰かに起こされるときに使います。実際に「起き上がる」場合は rise を使います。目が覚めるは wake up を使います。自然に目が覚めるイメージで、熟睡して目が覚めたイメージです。

98　おやすみなさい。　**Good night.**

99　7時30分にお父さんがミルクティーを家族のベッドまで持って来てくれます。

Dad usually brings a cup of milk tea to the family's bedrooms at 7:30 in the morning.

100　明日の帰りは何時になりそうですか？

　　What time can we expect you to come home tomorrow?

　さらに、日常生活で必要な基本的な英語表現もマスターして
おきましょう。必ず、あなたの役に立つことでしょう。さらに
いろいろな場面に分けて、英文を紹介します。

● 日常の英会話

＊「挨拶」

101　おはようございます。　**Good morning.**

102　こんにちは。　**Hello. Nice to see you.**

103　ご無沙汰しています。　**Long time no see.**

104　熟睡できた？　**Did you sleep well?**

105　寒くなかった？　**Wasn't it cold?**

106　新聞お借りできますか？

　　Can I have a look at your newspaper?

107　忙しそうですね　**You look so busy.**

　「～のようだ」には look と seem があります。どのような違いがある
　でしょうか。くり返しになりますが、look は目で見て判断して、「～
　のようだ」となります。seem は状況から判断します。seem の方が色々

な理由から判断していることが分かります。この英文では look がふ

さわしいでしょう。

108　お変わりありませんか？　**Are you well?**

109　何とかやっています。　**I'm doing all right.**

110　はじめまして。　**Pleased to meet you.**

111　お会いできてよかったです。　**I'm so glad to have met you.**

嬉しいには、happy, glad, pleased などがあります。違いは何でしょう
か。うれしさの度合いに違いがあります。「普通にうれしいです」の
場合には glad を使います。この場合、I'm glad だけで使いません。
必ず I'm glad to hear that. というように、理由がともないます。happy
は感情的にとてもうれしい。うれしいの度合いが高いのです。I'm
happy to be with you. は非常にうれしいという感情の高まりがありま
す。一方、pleased はフォーマルな場面で使います。会議や公的な会
合では I'm pleased to meet you. といえば、仕事上の重要な方にも使う
ことができます。

112　またね。　**See you soon.**

113　私の名前は今井です。　**I'm Imai.**

114　教師をしています。　**I'm a teacher.**

115　趣味はサッカー観戦です。　**I like watching soccer games.**

趣味には hobby を使う人が多いのですが、ネイティブはあまり使いません。hobby にはかなり専門的でマニアックな内容が含まれるのです。日本人の考える趣味は「I like ～」で表現したほうが良いのです。詳しくは後述します。

116　好きな食べ物はイタリア料理です。
　　　My favorite food is Italian.

117　どこの国から来ましたか？　**Where are you from?**

＊「天気」

118　今日はよい天気ですね。　**It's a nice day today.**

119　雨やだね。　**Nasty weather, isn't it?**

120　明日は晴れてほしいね。**I want it to be clear tomorrow.**

121　暑いね。　**It's too hot.**

122　蒸すね。　**It's really muggy.**

123　めっちゃ寒いよ。　**It's freezing.**

「～になる」は get / become / turn into の 3 つがよく使われます。この中で turn into は色が変わるとか、姿やかたちが変わる場合に使われます。また、もともとの姿から別の姿に変わる場合に使います。The ice turned into water. となります。では、get と become の違いはというと、一時的になった場合は、get を使うことが多い。He got angry when he talked to his father. 怒りは一時的な感情で、継続的なものではない。長期的に就業する場合には、become がふさわしい。She became an English teacher. の英文が正しいのです。また、アメリカの大統領については4年の任期がありますから、やはり become を使ったほうが良いでしょう。

124　ぽかぽかしてきました。 **It's getting warm.**

125　春は近いですね。 **Spring is just around the corner.**

126　台風が近づいてきています。 **A typhoon is coming.**

台風が typhoon の語源であるという説もあります。また、中国やタイで使われていた大風から生じたという説などいくつかありますが、音の特徴からアジアから生じたという説が有力です。

＊「調子を聞く」

127　お元気でしょうか？ **How are you getting along?**

128　ご機嫌いかがですか？ **How are you doing?**

How is it going? もよく使われます。また、How are you doing / feeling? など you の後ろに動詞が来ていることもあります。また、How have you been? は今までどうしていましたか？という経過を聞きたい気持ちが入ります。How are you? は、どちらかと言うと表面的な挨拶に使われます。

129　お手上げだよ。　I gave up.

130　全く余裕がないよ。　I'm too tight on time.

131　まあまあです。　So, so.

132　体調はいかがですか？　Are you feeling better?

133　君ならできる。　You can do it.

134　がんばれ。　Hang in there.

　　通常、がんばれは Come on! を使います。苦しい時や負けそうなとき
　　に使うがんばれが Hang in there. です。場面によって、使いこなしま
　　しょう。

135　きっと大丈夫ですよ。　I'm sure it's all right.

136　大丈夫ですか。　Are you OK?

137　お気の毒に。　I'm sorry to hear that. / That's too bad.

138　胸の痛みはとれましたか？　Has your chest pain gone?

＊「気配り」

139　自業自得です。　I have brought it on myself.

140　ご容赦ください。　Please have mercy.

141　私がミスをしてすみませんでした。

　　I apologize for the mistake that I made.

apologize はすみませんという謝罪を表しています。「〜に対してすみません」という時や、ミスした行為を謝る時は apologize for になります。人に対して謝るには、apologize to〜 になります。to は方向性を表す前置詞で、不定詞の to ももともとは方向性を表すものです。

142　感謝してもしきれません。　I can't thank you enough.

143　私を救ってくれて感謝します。

Thank you for saving my life.

感謝するは thank と appreciate の 2 つが代表的なものです。使い方が違います。thank の後ろには「人」が来ます。人に感謝する時は、必ず、thank を使いましょう。appreciate の後ろには「行為」が来ます。

I thank you very much. Especially, I appreciated your big help. となります。

144　今、よろしいでしょうか？

Could I have a minute of your time?

145　どういたしまして。　You're welcome.

146　気に入ってもらえて嬉しい。　I'm glad you like it.

147　婚約おめでとうございます。

Congratulations on your engagement.

s がつかなければ、おめでとうという意味になりませんので、必ず s を付けましょう。さらに、上記の英文は新郎に使っても良いのですが、

新婦には使わないようにしましょう。congratulations はかなりの努力をして成し遂げたことに対して、おめでとうございますという意味になります。新郎に対しては良いのですが、新婦に対しては失礼な印象になります。Happy wedding. と言いましょう。また Thanks./ Best wishes. / Best regards.（「敬具」という意味）など、どれにも s が付きます。これは祝福や感謝の意を強めています。まさに強調の s です。

148 そのコート、すてきです。
   That's a nice coat you're wearing.

149 黒がよく似合います。　**You look good in black.**

150 センスが良いね。　**You have a good sense.**

＊「お誘い」

151 美味しいピザ食べませんか？
   Would you like to eat a delicious pizza?

152 ビールでもどうですか。　**How about a glass of beer?**

153 歩いて行きませんか。　**Why don't we walk there?**

154 京都市内の販売網を強化したいんだよ。
   I would like to strengthen the sales network in Kyoto.

＊「～がある、いる」

155　夫はシドニーに転勤します。

My husband is going to be transferred to Sydney.

156　あなたの部署には優秀な販売員がいるらしいね。

It seems that you have excellent staff in your department.

157　同窓会にはたくさんの人が出席していた

Many people attended the reunion.

＊「いつ、どこ」

158　どこかでお会いしましたか？　**Have we met before?**

159　日本に来た目的は？

What is the purpose of your visit to Japan?

160　専門は？　**What is your speciality?**

161　いつ決断したのですか？　**When did you decide?**

162　次回はいつお会いできますか？

When can we meet next time?

163　どのようにして痩せたのですか。

How did you lose weight?

164　奥様はどのような人ですか。　**What's your wife like?**

165　進路について、だれと相談したのですか。

Who did you talk with about your future career?

166　だれが老親の介護をしているのですか。

Who's caring for your elderly parents?

167　どこへ行くのですか。　May I ask where you're going?

168　どこへ行きたいですか。　Where would you like to go?

169　何色がもっとも好みですか。　What's your favorite color?

170　どこの会社の部長ですか

Which company is he working for as general manager?

英会話を続けるとき、質問が重要な役割を果たします。自分の知りたい内容を聞くには疑問詞が大活躍します。5W1H と言います。when, where, who, what, why, how の 6 つの疑問詞を使えば、概要が理解できます。ぜひ使ってください。

＊「命ずる」

171　もう彼女とつき合うな。　Don't go out with her anymore.

172　部下には厳しくしなさい。　Be strict with your subordinates.

「～しなさい」という命令文の丁寧な表現には Please~ を使うように日本では教えられてきましたが、この使い方には注意が必要です。この please のもとの形は if it please you です。「もし、あなたが受け入れてくれるのであれば～」という意味です。please には相手に決定権があるようなニュアンスが伝わりますので、「～すること」が相手のためになる内容であるべきです。Please be seated.「どうぞお座りください」などです。

＊「これから」

173　明日電話します。　**I'll call you tomorrow.**

174　飛行機に乗り遅れるでしょう。　**I'll miss the airplane.**

> 筆者には苦い経験があります。アメリカに出張に行ったとき、寝ている間にサマータイムが実施され、1時間、時間が進んでしまったのです。そのために、帰りの飛行機に遅れてしまいました。その結果、上司とシカゴの高級ホテルに1泊し、翌日無事に日本に帰ることができました。アメリカのサマータイムには、十分気を付けてください。

175　彼は、次は合格するだろうか。　**Will he pass the exam?**

176　予定通り駅でお会いしましょう。

　　　As scheduled, we will meet at the station.

＊「すること」

177　その大学に入るのはたやすいです。

　　　The university is easy to pass the exam.

178　お腹がすいてきた。　**I'm getting hungry.**

179　夫に電話することを忘れました。

　　　I forgot to call my husband.

180　将来何になりたいですか。

What do you want to be in the future?

181　私の夢は起業することです。

　　My dream is to start a business.

　これから起こる事象は to- 不定詞で表します。to は未来を表す前置詞
　から生じた副詞です。

182　電話をくれるように彼に言った。

　　I told him to give me a phone call.

183　どの本を読んだらいいのか分からない。

　　I don't know which book to read.

　動詞 read の過去形、過去分詞は、read, read ですが、読み方が変わり
　ます。「りぃーどぅ、れっどぅ、れっどぅ」ですね。

184　あなたは今日、することがたくさんありそうですね。

　　There seems to be a lot of things for you to do.

185　私は就職のことを相談するために、ここへ来ました。

　　I've come here to get career guidance.

＊　「いくらか」

186　私はいくらかそのことについて経験があります。

　　I've some experience about it.

187　この方面にいくらか知識があるのですが。

　　　I've some knowledge in this regard.

188　私は彼に全然興味がありません。

　　　I am not interested in him at all.

＊「できます／いいですか／かもしれない」

189　彼は中国語が話せます。　　**He speaks Chinese.**

　　「話す」にはたくさんの動詞があります。代表的なものは tell, speak,
talk, say でしょう。違いは何でしょう。tell は伝えるという意味が強
い。だから私に言ってくださいは Tell me about it. になります。speak
は発話に重点があって、内容はあまり関係がありません。Could you
speak more slowly? が良い例です。talk は話し合うという感覚です。
例としては、I have to talk with my wife. です。say は逆に内容が重要
です。ですから、あなたは何を言っているのですか？の場合、What
are you saying? となります。

190　質問してもいいですか。　　**May I ask you a question?**

191　彼は私に興味があるかもしれない。

　　　He may be interested in me.

192　明日、電話してもいいですか。

　　　May I call you tomorrow?

＊「～でなければならない」

193　妻の介護をしなければならない。

　　　I have to take care of my wife.

194　明日、早く起きなければならない。

　　　I have to get up early tomorrow.

195　不倫をしてはならない。　People should not have affairs.

196　会社をやめなければならない。　I have to quit the company.

197　あの男をなめてはいけません。　Don't take the man lightly.

198　なぜ彼と別れなければならなかったのですか。

　　　Why did you have to part from him?

　　must には話し手の意志、命令などが含まれますが、have to は客観的
　　な義務を表すことが多いです。

199　明日電話していただけますか。

　　　Would you call me tomorrow?

200　明後日の3時に来てほしいです。

　　　I want you to come at 3 o'clock on the day after tomorrow.

＊「事実の伝達」

201　私はこの会社をやめます。　I'm leaving this office.

202　彼女は昇進を希望した。　**She wanted to be promoted.**

203　ヨーグルトは健康に良いらしい。

　　Yogurt seems to be good for your health.

204　残業してはいけません。　**Don't work overtime.**

205　給料が来月から下がります。

　　I'm getting a pay cut from next month.

206　アメリカに留学することを考えています。

　　I'm planning to study abroad in America.

207　あの黒いセーターを着た男があやしい。

　　The man who's wearing that black sweater looks suspicious.

208　二人がつき合っているのは知っています。

　　I know they are dating.

　　「つき合っている」は、date, see, together の3種類の表現があります。
　　Are you seeing him now?（あなたは彼と今、付き合っているんです
　　か？）Bob and I have been together for 2 years.（ボブと私は2年間、付
　　き合っています。）

209　彼女と結婚しました。　**I married her.**

210　彼女の名前を忘れてしまいました。　**I forgot her name.**

211　ずっとお目にかかりたいと思っていました。

　　I've wanted to meet you for a long time.

212　あの作家と話をしたことがあります。

　　I've once talked with that writer.

＊「比べる」

213　あの教官は私と同じ年には見えません。

　　That teacher doesn't look the same age as I do.

214　この店のパスタは京都で一番おいしいです。

　　The pasta served in this restaurant is the best in Kyoto.

215　飛行機の旅より列車の旅の方が好きです。

　　I prefer traveling by train to traveling by air.

216　私は以前より米国に興味があります。

　　I'm more interested in the United States than before.

「もっと」という英単語には2つあります。further と more です。使い方が違います。more は「さらに、もっと」という意味でとてもシンプルです。しかし、further はもっと先までの意味で、「さらに〜」と使われます。I walked more.「私はもっと歩いた。」I walked further / farther.「私はより遠くまで歩いた」の違いがあります。

217　東京は日本で最も楽しい街です。

　　Tokyo is the most enjoyable city in Japan.

218　どの画が最も好きですか。

Which picture do you like best?

219　日本は世界で最も少子化が進んだ国のひとつです。

Japan is a country with one of the world's lowest birthrates.

220　彼は私の3倍年収が多い。

He has three times the annual income as I do.

221　あの部長は課長ほど女性にもてない。

That division manager is not as popular with the ladies as our section chief.

＊「もしも」

222　もし私が大金持ちなら、無料の病院を開きたい。

If I were rich, I would run a free hospital.

223　一生懸命に働けば、大金持ちになれるでしょう。

If you work hard, you will be able to become rich.

224　この仕事をしていなかったら、幸せになれなかった。

If I didn't do this job, I wouldn't be happy.

225　もっと誠実に生きるべきだったのに。

I should have lived more sincerely.

226　この空を飛べたらなあ。　I wish I could fly in the sky.

227　子どもにもっと厳しくしておけばよかったのに。

You should have been more strict with your children.

＊「反対・否定する」

228　あなたの提案に反対です。　**I'm against your suggestion.**

229　理想が高すぎです。　**You're too idealistic.**

230　内容は良いのですが、現実的ではない。

　　　The content is good, but not realistic.

231　失礼かもしれませんが、賛成できません。

　　　Although it may sound rude, I can't agree with you.

232　先約があるので、別の日に。

　　　I have a previous appointment. Let's make it another day.

＊「他者の評価」

233　あの子は機転が利く。　**That boy is quick-witted.**

234　この生徒は運動神経が良い。

　　　This student has excellent athletic ability.

235　彼女は人気者です。　**She's quite popular.**

236　彼は教養がある。　**He's educated.**

237　彼女はよく人を笑わせる。　**She often makes people laugh.**

238　彼は想像力が豊かだ。　**He's really imaginative.**

239　彼は創造力がある。　**He's creative.**

240　彼はひらめきがある。　**He's full of inspiration.**

241　彼女は品がある。　**She's graceful.**

242　彼は下品だ。　**He's vulgar.**

243　彼はなにごとにも慎重です。

　　He's cautious about everything.

244　彼は計算高い。　**He's a calculating man.**

245　彼は少しわきが甘いな。　**He's naive.**

246　彼は臆病だ。　**He's timid.**

247　それを知ってがっかりです。

　　I'm disappointed to know that.

248　彼の英語は分かりやすいです。

　　His English is easy to understand.

249　この本は私には難しすぎる。

　　This book is too difficult for me.

「とても～」という意味の英単語は、very, so, too の3種類があります。very はどのような場面でも使用できます。フォーマルな状況でも使用可能です。しかし、so は友人や家族に対して日常的に使えることができますが、フォーマルな場面では使わないほうが良いでしょう。too は「～過ぎて～できない」という否定的な意味が入りますので、注意が必要です。ネガティブなイメージです。

＊ 「あいづち」

250　そうなんですね。　**Oh, I got it.**

251 真面目な話をしているんですか？　**Are you serious?**

252 了解しました。　**I got it.**

253 その通りです。　**That's right.**

254 その後、どうなったのですか？

　　After that, what happened?

255 それは良いね。　**That's good.**

256 そりゃ、だめだよ。　**Well, that's no good.**

257 信じられないね。　**I can't believe it.**

258 そういうこともあるよね。　**That's life.**

259 めんどくさい。　**Troublesome.**

＊「うれしい」

260 最高に良い気分です。　**I feel really great.**

261 まあまあですね。　**Nothing special.**

262 ワクワクしています。　**I'm excited.**

I will be exciting. は「私は人をワクワクさせるでしょう。」という意味。exciting はワクワクする人・物について使われます。ですから、The game was exciting. So, I was excited.（その試合は面白かったよ、だから私はワクワクしたよ。）と覚えると良いでしょう。

263 こんなに楽しいのは久しぶりだ。

It's been a long time since I had such a good time.

264　こんなことがあるなんて信じられないよ。

I can't believe such a thing could happen.

265　嬉しいことは重なるものだ。

Good news repeats itself.

＊「感動」

266　その少年はこの本を読んで感動しました。

The boy was really impressed with the book.

「感動する」にはたくさんの表現があります。代表的な3つの表現を学びましょう。まず、I was impressed です。これは、何かに感心して感動しています。映画などで涙するくらい感情的に感動した場合には、I'm so touched. となります。他に move があります。I was really moved by his great movie.「彼の偉大な映画に心から感動したよ。」move は主に過去形で使われる英単語です。

267　すごいですね。　It's amazing.

268　上手くできたね。　It was done well.

269　あの時、助けてくれてありがとう。

Thank you for helping me at that time.

270　すごい試合にドキドキしたよ。

It was thrilled with the great match.

＊「怒り」

271　あんなことするなんてひどいよ。

It's terrible to do such a thing.

272　彼女の態度には本当に怒ったよ。

I was really angry with her attitude.

273　彼の謝り方が許せないな。　I can't accept his apology.

274　あの映画の結末はひどすぎるよ。

The ending of that movie is too terrible.

275　ひどすぎる。　It's too bad.

276　信じられない。　Incredible.

277　思いっきり、殴りたい気分だ。　I feel like hitting him hard.

278　あいつにはっきり言ってやりたいよ。

I want to speak with him frankly.

279　今までこんな目にあったことないよ。

I have never been treated so badly.

280　どうしようもないね。　It can't be helped.

281　手の施しようがない。　There's nothing we can do for it.

282　悪夢を見ているとしか思えないよ。

I feel as if I'm having a nightmare.

283　暴挙としか思えません。

It's nothing but an act of violence.

この英文では think は使いません。ただ、think はよく使われる表現です。さらに think of と think about では使い方が違います。think of は〜について思っている、考えているという意味で、かなり意識的に考えているので、恋人などに使える表現です。それに対して think about は、その対象になっている人に対して、今後の方向性を含めて、考える場合に使います。The coach thinks about you. と言えば、コーチがあなたの今後について考えているという意味になります。Your boyfriend always thinks of you. では、いつも思っているよという意味になります。

＊　「悲しい」

284　あんなに元気な人が死ぬなんて悲しすぎるよ。

It's sad that such a healthy person should die.

285　これ以上悲劇は見たくないんだ。

I don't want to see such a tragedy anymore.

286　地震が2回もあるなんて悲しいよ。

It's too sad to have two earthquakes.

287　3度も失敗するなんてがっかりだよ。

I was disappointed that I had failed three times.

288 努力が報われない時は泣きたい気持ちです。

I feel like crying when my efforts are not rewarded.

悲しみを表す表現はその悲しみの段階で使い分けることができます。右に行くほど悲しみの度合いが深くなります。いずれも主語に be 動詞をつけることで表現できます。また、副詞 so や really をつけてさらに豊かな表現が可能です。I'm so sad. I'm really sorry. などです。

sad ＜ sorry ＜ disappointed ＜ depressed ＜ devastated

289 今までの人生で一番悲しい出来事だ。

It's the saddest event in my life.

290 つらい。 It's hard.

291 耐えるしかないね。 I have no choice but to endure it.

292 我慢できないほど、悲しい。

I feel so sad that I can't stand it.

293 忘れられない悲しみだ。 It's an unforgettable sorrow.

294 耐えられないよ。 I can't stand it.

295 失敗が続いて死ぬほどつらいよ。

I feel unbearably painful after a series of failures.

296 こんなに泣いたのは初めてだ。

This is the first time I cried so much.

297 涙が止まらない。 I can't stop crying.

298　何をしても悲しみは消えない。

I can't get over my grief no matter what I do.

299　憂うつです。　I feel depressed.

300　女にふられて切ないなあ。

I feel so painful since I was dumped by my love.

＊「楽しみ」

301　あなたの結婚式が楽しみです。

I'm looking forward to your wedding ceremony.

302　あなたの楽しみは何ですか？

What's your favorite pastime?

303　新しい家が楽しみです。

I'm looking forward to the new house.

304　仕事の後、家でゆっくりすることが一日の楽しみです。

It's a pleasure of the day to relax at home after work.

305　楽しみこそが人生だ。　Life is fun.

306　再会を楽しみにしています。

I'm looking forward to seeing you again.

＊「楽しい」

307　彼女に会えて楽しかったよ。　It was nice to meet her.

308 楽しい時間が私の心を癒してくれます。

A good time will heal my broken heart.

309 どんなに苦しくても楽しく生きていきたいです。

I want to live happily no matter how hard life may be.

310 楽しい気分になるには、地道な努力が必要です。

To make yourself happy, you need to make steady efforts.

311 あの人がいると楽しい雰囲気になります。

Having that person with us makes a fun atmosphere.

312 この学校はとても楽しいです。

Studying at this school is a lot of fun.

＊「日本語特有の表現」

313 よろしくどうぞ。

I hope we will do good business together.

314 お辛いときはいつでも来てくださいね。

Please come whenever you're having a hard time.

315 大きな仕事を無事終えてご苦労様でした。

Thank you for completing the big job.

316 頑張れ！　Do your best.

317 こちらこそ。　Likewise.

318 失礼します。　Excuse me.

319　懐かしいねえ　**How nostalgic!**

320　もったいない。　**It's a waste.**

321　よろしくおねがいします。

Thank you for your consideration.

322　いただきます。　**Looks delicious.**

323　ごちそうさまでした。　**Thank you for the meal.**

324　お幸せに！　**Be happy!**

325　お世話になりました。　**Thank you for your help.**

326　つまらないものですが。

Here's a little something for you.

327　せっかくの努力が水の泡だよ。

My long years of effort came to nothing.

328　なんとかノルマを達成できたよ。

I managed to achieve my quota.

ノルマはロシア語から出てきた言葉で、英語ではありません。英語では quota と言います。

329　そろそろ仕事モードに切り替えないとね。

I have to switch to work mode soon.

330　これからの人たちには心の豊かさが大切ですね。

From now on, the richness of the mind is important.

331 今年の就職戦線は早くも過熱しているね。

The employment front this year is already overheating.

332 ストレス発散に飲みに行きませんか？

Would you like to go for a drink for stress relief?

333 退職後の第二の人生を考え始めているよ。

I'm thinking about my second life after retirement.

334 今、我が家はリフォーム中です。

My house is now being renovated.

日本では家などの改築に reform がよく使われますが、実際の英語では内閣や税制の改造・改革に使われる単語です。家の改築には renovate が使われます。

335 切りがいいところで休憩しよう。

Let's take a break at a good time.

336 何事もけじめが大事ですよ。

It is important to draw a clear line in everything.

337 今の職場には不満だらけ。言い出したら切りがないわ。

I'm dissatisfied with my current workplace. I could go on forever about it.

338 彼らは犬猿の仲だよ。　**They get along like cats and dogs.**

339 とりあえず、カンパイしましょう。

Anyway, let's make a toast for now.

● 旅行の英会話

＊「計画する」

340　海外旅行に行きたいです。　**I want to travel abroad.**

341　どこに行きたいですか？　**Where do you want to go?**

342　南の島が良いなあ。　**The south islands are good.**

343　普段忙しいからゆっくりしたいです。

　　I've been busy, so I want to relax.

344　確かにそうだね。　**That's true.**

　　true と real の二つは、どちらも「本当の」という意味です。違いは
　　何でしょうか？ true は「（偽物ではない）本当の」という意味で本物
　　というニュアンスです。real は「（現実としての）本当の」という意
　　味で、真実というニュアンスです。

345　観光ガイドの紹介所はどこにありますか？

　　Where's the tourist information center?

346　どうしてそこに行くかが大切だ。

　　It's important how we get there.

347　一番安い手段は、バスの一日乗り放題券を買うことだね。

　　The cheapest way is to buy a one-day unlimited ticket for a bus.

348　地下鉄の乗り放題券はあるかな。

　　I wonder if there is an all-day ticket for the subway.

349 美味しい物も食べたいね。

I want to eat something delicious too.

350 お金をドルに換えたいです。

I'd like to exchange this money for dollars.

351 動物園に歩いて行けますか？

Can we walk to the zoo?

352 お土産は何が良いですか？

What souvenir is good for you?

353 携帯の傘は持ってきましたか？

Did you bring a compact umbrella?

354 ひょっとしてこの辺に安いホテルはありますか？

Do you happen to know of a chcap hotel near here?

355 一泊、いくらですか？　**How much is it to stay for one night?**

356 旅費の積み立てはできますか？

Can we pay off the travel expenses in installments?

＊「旅行会社で」

357 独自のプランを作れますか？

Can you make a travel plan just for me?

358 食事なしで宿泊するといくらですか？

How much does it cost to stay without meals?

359　オプショナルツアーの申し込みはできますか？

Can I apply for an optional tour?

can は非常に良く使われます。「〜できる」という意味で、可能性も
表しています。多くの場合、could という過去形で使われます。しか
し、could であっても実際には過去の意味ではなく、丁寧な表現で使
われることが多い。Cloud you open the window? は一つの例です。ま
た、わかりましたか？は、Do you understand? と言うのは良いのです
が、Can you understand? はあなたには理解する能力はありますか？と
いう意味になり失礼になることもありますので、注意しましょう。

360　もう少し安いツアーはありますか？

Is there a cheaper package tour?

361　ヨーロッパまでの船旅のツアーはありますか？

Do you have a package boat tour to Europe?

362　パスポートの申請はどこに行くと良いですか？

Where should I go to apply for a passport?

363　車をレンタル出来るところはありますか？

Is there a place where you can rent a car?

364　日本から友人夫婦が来るのですが、どこか良いホテルは
ありますか？

**My friend and his wife are coming from Japan. Is there a
good hotel anywhere?**

365 ワイナリー巡りをしたいので、良いところを案内してくれませんか？

Since I'd like to go around the wineries, could you show me around?

366 子供が遊園地のような所に行きたがっています。

My child wants to go to places like amusement parks.

367 この辺りに動物園はありますか？ **Is there a zoo near here?**

368 バイクで旅行したいのですが、安全ですか？

I'd like to travel by motorbike. Is it safe?

369 この便の予約は出来ますか？

Can I reserve a seat on this airplane?

370 保険に入っていますか？ **Do you have insurance?**

371 保険に入った方が良いですか？ **Should I get insurance?**

372 予約係につないでください。

Please connect me to the reservation desk.

373 1月2日に予約が出来ますか？

Can I make a reservation for January 2?

374 空港からニューヨークまでバスと地下鉄とどちらが便利ですか？

Which is more convenient for going from the airport to New York, the bus or the subway?

375 治安は良いですか？ **Is security good?**

376 物価は日本と比較して安いですか？

Are prices lower than in Japan?

377　気温はどれくらいですか？　**What's the temperature?**

378　マイレージが使えますか？　**Can I use my miles?**

マイレージは今や日本語として使われていますが、もともとは mile（マイル）と age（割合）がつながってできた英単語です。ですので、1 リッターの石油で走れるマイル数を表しています。「総マイル数」「走行距離」「燃費」「利益」などの意味で使われています。

＊「飛行機・空港」

379　ビジネスクラスはいくらですか？

How much is the business class?

380　通路側の席はありますか？

Is there a seat on the aisle side?

381　乗継ぎをしても良いので、料金の安いものがありますか？

I don't mind if I transfer, so is there a cheaper one?

382　キャンセル待ちはできますか？

Can I wait for cancellation?

383　搭乗時間は出発 20 分前までに搭乗口に来てください。

Please come to the boarding gate at least 20 minutes before your departure time.

384　ニュージーランド行きは 7 番ゲートから 8 番ゲートに搭

乗口が変更になりました。

For New Zealand, the boarding gate has been changed from the 7th to the 8th.

385　白ワインをください。　**Please give me some white wine.**

386　毛布をください。　**Please give me a blanket.**

387　水をください。　**Please give me some water.**

388　何か食べるものをもらえますか。

　　Can I have something to eat?

389　あったかい飲み物はありますか。

　　Is there a warm drink?

390　この用紙の書き方を教えてください。

　　Please tell me how to write this form.

391　席を替わってもいいですか。　**May I change seats?**

「May I~?」は～しても良いですか？と許可を求める表現で、目上の人や丁寧に言いたい時に使われる表現です。さらに丁寧なのは Might I~? です。さらに may には推量（～かもしれない）を示す場合もあります。might は過去形ですが、意味は現在形で使われます。「He might think the exchange program is expensive.　彼は留学費用が高いと思うかもしれません」と現在形で訳すようにしてください。the exchange program= 留学

392　座席を倒してもいいですか。　**May I put my seat back?**

393　少し話をしてもいいですか。　**May I talk a bit?**

394　観光で来ました。　**I came for sightseeing.**

395　搭乗ゲートはどこですか。　**Where's the boarding gate?**

396　手荷物受取所はどこですか。**Where's the baggage claim?**

397　両替所はどこですか。

Where's the currency exchange office?

398　免税品店に行きたいです。

I'd like to go to a duty-free shop?

399　どこでレンタカーを借りられますか。

Where can I rent a car?

400　街の中心部へ行くバスはどこで乗れますか。

Where can I catch the bus going to the city center?

*　「ホテルで」

401　ホテルの部屋はどのくらいの広さですか？

How large is the hotel room?

402　禁煙の部屋をお願いします。

I'd like a nonsmoking room.

403　このバッグを部屋に運んでください。

Please carry this bag to the room.

404　これはチップです。　**This is for you.**

405　すみませんが、日本行きの予約は出来ますか？

　　Excuse me, but can I make a reservation for a flight to Japan?

406　爪切り、ありますか？　Do you have nail clippers?

407　ラウンジはどこにありますか？　Where's the lounge?

408　部屋はありますか。予約はしていません。

　　Are there any available rooms? I haven't made a reservation.

409　安い部屋で三泊おねがいします。

　　Three nights in a cheap room, please?

410　山の見える部屋を頼みます。

　　I will ask for a room with a mountain view.

411　どうやればインターネットを使えますか。

　　How can I use the Internet?

412　予約をキャンセルしたいのです。

　　I want to cancel my reservation.

413　滞在を延ばしたいのですが。　I'd like to extend my stay.

414　シャワーのお湯が出ません。

　　There's no hot water in the shower.

415　何時に朝食を食べられますか。

　　What time do you serve breakfast?

416　チェックアウトは何時ですか。

　　What's the check-out time?

417　部屋は快適でした。　The room was comfortable.

418　タクシーを呼んでもらえますか。

Can you call a taxi for me?

＊「トラブル」

419　部屋の電気がつきません。

The lights in my room don't work.

420　お風呂のお湯がでません。

There's no hot water coming out of the bathtub.

421　エアコンが効きません。

The air conditioner doesn't work.

work には、働く、勉強するという意味の他に「うまくいく、機能する」という意味があります。

422　鍵が壊れていて、かかりません。

The key's broken. It doesn't lock.

423　ヒーターが故障しています。　**The heater is broken.**

424　お湯が熱すぎます。　**The water is too hot.**

425　トイレットペーパーがありません。

There's no toilet paper.

426　ここから駅までどう行けばよいですか？

　　　How can I get to the station from here?

427　この辺に美味しいレストランはありますか？

　　　Is there a good restaurant around here?

428　7時に4人で予約したいです。

　　　I'd like to reserve a table for four people at 7.

429　メニューはそちらに行ってから頼みます。

　　　I'll make our order after we go there.

430　ここで日本食を食べることは出来ますか？

　　　Can I eat Japanese food here?

431　薬はどこで買えますか？　　**Where can I get medicine?**

＊「乗り物で」

432　ニューヨーク行きのチケット1枚ください。

　　　Please give me one ticket to New York.

433　シカゴまで往復で2枚ください。

　　　I'd like two round-trip tickets to Chicago.

434　このバスは空港へ行きますか。

　　　Does this bus go to the airport?

435　3番のプラットホームから電車に乗ってください。

Please get on the train from platform No. 3.

「〜に乗る」という表現では、どの英語表現を使うと良いのでしょうか？ take, ride on, get on の違いを理解しましょう。take a train は「電車に乗る」という行為全体を示します。get on a train は「電車に入り口から乗る」という行為に焦点があります。ride on a train は「電車に今乗っている状態」を示しています。電車から降りるときは、get off the train を使います。

436　運賃はいくらですか。　**How much is the fare?**

437　この駅で乗り換えてください。

Please change trains at this station.

*　「観光地で」

438　簡単な英会話力があれば、外国人とのコミュニケーションは楽しいです。

With simple English conversation skills, communicating with foreigners is fun.

439　最近では、大相撲を見に来る外国人が増えています。

These days, more and more foreigners come to see sumo wrestling.

440　外国の文化を日本人も楽しんでいます。

Japanese people are also enjoying foreign cultures.

441 特にオペラは総合芸術として日本人にも人気があります。

Operas are especially popular among Japanese as comprehensive art.

442 グーグルグラスが販売されれば、外国語を使ってのコミュニケーションがスムーズになります。

If Google glasses are sold, communication in foreign languages will become smoother.

443 オペラの裏舞台は壮絶ですね。

The stage behind the opera is spectacular.

444 タクシー乗り場はどう行けばいいですか。

How do I get to the taxi stand?

445 明日の席はありますか。

Do you have any vacant seats for tomorrow?

446 おつりが間違っていますよ。　**The change is wrong.**

447 具合が悪いです。　**I'm sick.**

448 寒気がする。　**I feel chilly.**

449 吐き気がする。　**I feel nauseous.**

450 下痢をしている。　**I've diarrhea.**

451 食欲がない。　**I've no appetite.**

452 お腹が痛い。　**I have a stomachache.**

453 パスポートを盗まれました。　**My passport was stolen.**

454　財布をなくした。　**I lost my wallet.**

455　いつ出発するのですか。　**When are you leaving?**

456　他の便に乗れますか。　**Can I take another flight?**

＊「旅・列車」

457　旭川行き 7 時の列車に乗りたいです。

　　I want to catch the 7 o'clock train for Asahikawa.

458　北海道の旅は最高に楽しいですね。

　　Traveling in Hokkaido is so much fun.

459　列車に乗って旅に出るのも良いですね。

　　It's sometimes good to go on a train trip.

460　気ままな旅は人の心を解放してくれます。

　　A carefree journey frees people's mind.

461　今日はどこに行こうかなと考えています。

　　I'm thinking of where I should go today.

think, consider, suppose の違いは大切です。「主観的に〜だと思う」には think が使われます。自分なりの根拠を持っています。consider は「深く、しっかりと時間をかけて考える」という意味です。根拠もしっかりとあります。suppose は、「根拠はないが、たぶん〜だと思う」という意味です。半信半疑な状態です。しかし「be supposed to は〜する予定です」という意味で使われますので、注意してください。

462　ローカル線で列車に乗って旅するのも楽しいです。

Traveling by train on a local line is also fun.

463　田舎の列車はなかなか来ません。

Trains don't come very often in the countryside.

464　彼を乗せた列車が遠ざかっていきます。

The train he is riding is going away.

465　そろそろ昼ご飯にします。　**It's about time for lunch.**

466　駅弁のニシン御飯は最高にうまいです。

Herring rice in a train station boxed lunch is really delicious.

467　混んでいる列車は苦手です。

I don't like crowded trains.

468　混んでいる列車の中ではよく時刻表を見ます。

I often check a train timetable in a crowded train.

469　海沿いの駅で降ります。

I'll get off at the station by the sea.

470　ここで降ります！　**I'd like to get off here!**

＊「外国」

471　ロンドンの紅茶は美味しいです。

London tea is delicious.

472　テムズ川のそばにはたくさんのカフェがあります。

There are many cafes near the Thames.

473　パリは人を自由にする。

Paris makes people feel free.

474　英国は「人種のサラダボール」と呼ばれる。

The United Kingdom is called a salad bowl of ethnic diversity.

475　イタリアは世界で一番多くの世界遺産を持つ文化的に豊かな国だ。

Italy is a culturally rich country with the greatest number of World Heritage sites.

476　ドイツの街は、教会の尖塔があり、精神の高みを感じさせられる。

In many German towns, you find spires on churches and you can feel the nobleness of their spirit.

477　ヨーロッパの地図では日本は東の端にあります。

On maps in Europe, Japan is on the eastern edge.

＊「観光」

478　奈良は何よりも鹿を大切にしています。

People in Nara cherish deer more than anything.

479　奈良では鹿による事故が増えている。

In Nara, accidents caused by deer are increasing in number.

480　奈良の旧駅舎は威風堂々としています。

The old station building of Nara is really magnificent.

481　古都奈良の玄関口であったのが旧駅舎なのです。

It's the old station building that used to be the gateway to the ancient capital Nara.

これは強調構文です。強調したい内容を it と that (who) の間に置きます。例文です。It was my brother who became the mayor.

*　「買い物」

482　この近くにスーパーマーケットはありますか？

Is there a supermarket near here?

483　この近くに日本の食材を売っているお店はありますか？

Is there any shops which sell Japanese ingredients near here?

484　この道をまっすぐ行って、二番目の交差点を右に曲がって 20 m先です。

Go straight ahead along this road, turn right at the second intersection and you'll find it 20 meters down the road.

485　この道を下ってつきあたりを左に行くと、看板が見えます。

When you go down this road and turn left at the end, you will see a sign.

486　日本の醤油を売っていますか？

Does it sell Japanese soy sauce?

487　新鮮な野菜はどの店で買うことができますか？

　　In which store can I buy fresh vegetables?

488　風邪薬はどこで買うことができますか？

　　Where can I buy cold medicine?

489　ワインはどこで買えますか？　**Where can I buy wine?**

buy, purchase, get は物を買う時に使います。buy は一般的に買うという意味です。purchase も buy と同じように使うことができますが、少しフォーマルな表現で、少し高額な商品を交渉して購入するという意味合いが強いです。I purchased a great sound system.（素晴らしいサウンドシステムを買った）。 get は逆に口語的な表現で、気軽に使いますので、友達などとの会話に適しています。特に食料品、衣服等を買う時に使われます。

490　おもちゃ売り場は何階ですか？

　　What floor is the toy department on?

491　娘にクリスマスプレゼントを買いたいのですが、最近の人気商品は何ですか？

　　I'd like to buy a Christmas present for my daughter. What is the recent popular item?

492　時計の修理をして欲しいのですが。

　　I'd like to have this watch repaired.

493 時計の電池を替えて欲しいのですが。

I'd like you to change batteries of this watch.

494 紳士服コーナーはどこですか？

Where's the men's clothing section?

495 良い贈り物を探しています。　**I'm looking for a nice gift.**

496 日焼け止めを探しています。

I'm looking for sunscreen.

497 お土産はどこで買えますか。

Where can I buy souvenirs?

498 見ているだけです。　**We're just looking.**

499 地味なものを探しています。

We're looking for something simple.

500 最新流行のものはいりません。

I don't need the latest trends.

501 高すぎます。　**It's too expensive.**

502 派手すぎます。　**It's too gaudy.**

503 サイズの合うものをください。

Please find me something that fits me.

504 これの別の色はありますか。

Do you have this in a different color?

505 もうちょっと見てまわります。

I'll look around a little more.

506　ちょっと見せてください。

Please let me have a look at it.

507　このクレジットカードは使えますか？

Can I use this credit card?

508　もう少し安くなりませんか？

Could you make it any cheaper?

509　これはいくらですか？　**How much is this?**

510　リボ払いって何ですか？　**What's revolving payment?**

511　何回払いができますか？　**How many times can I pay?**

512　日本の買い物で注意することは何ですか？

What should I be careful about when shopping in Japan?

513　7時を過ぎたら、日本のスーパーは値引きします。

After 7 o'clock, supermarkets in Japan reduce the prices.

514　9時を過ぎたら、安い物ばかりになります。

After 9 o'clock, we can find many cheap things.

515　特に食品関係は安いです。

Foods are especially cheap.

516　その日に食べるならお奨めですよ。

It's recommended if you eat it on the day.

517　バーゲンセールは何階でしていますか？

On what floor are you having a sale?

518　エコバッグは持ってますか？　**Do you have an eco bag?**

519 エコバッグは外国にもありますか？

Do people also have eco bags in foreign countries?

520 エコバックの発想は外国からのものです。

The idea of eco bags is from foreign countries.

521 エコバッグがないと、袋代をとられます。

If you don't have an eco-bag, you have to pay for a plastic bag.

522 日本くらい商品の包装が丁寧な国はありません。

There's no other country in the world where the packaging of products is as carefully done as in Japan.

523 魚はさばいてくれますか？　Will you fillet the fish?

524 日本では魚屋さんなら、三枚におろしてくれます。

In Japan a fishmonger would fillet the fish into three pieces.

525 とても食べやすいですよ。　It's very easy to eat.

526 爆買いする外国人が多いですね。

There are many foreigners who enjoy shopping sprees here.

527 日本の売り上げが非常に伸びています。

Sales in Japan are greatly increasing.

528 インバウンドの需要はますます広がりますか？

Will tourism for overseas visitors be encouraged further?

529 これは日本のビジネスチャンスです。

This is a business opportunity in Japan.

530 日本の商品を世界に売ってはどうですか？

How about selling Japanese products to the world?

「〜はどうですか？」How about~? は一般的に使われます。提案や意見を求めるときに使える万能な表現です。ただ、一緒に何かをしたいとか行きたいときには、Why don't you~? が有効です。「〜しませんか？」という意味にもなります。また、状態を聞きたいときは、「How is~?」を使うと良いでしょう。例えば、How is your school life? と言えば、「学校はどうですか？」という意味になります。

531　アンティークショップが日本では少ないです。

There are few antique shops in Japan.

532　もっと古い物を買う習慣がほしいですね。

I hope people will feel more inclined to buy old things.

533　ネットで買った方が安いです。

It's cheaper to buy it on the Internet.

534　家まで来るのでネットは便利です。

The Internet is convenient as articles are delivered directly.

535　日本の流通システムは世界一です。

Japanese distribution system is the best in the world.

536　これは本当に掘り出し物だった。

This was a real bargain.

537　例えば、今発注すると今日中に東京から荷物は届きます。

For example, if you place an order now, the package will arrive from Tokyo today.

place an order は「発注する」というイディオムです。動詞の order 一語で「発注する」という意味もあります。

538　家電もネットで買えますか？　もちろんです。

Can you buy home appliances online, too?　Of course.

539　食品もネット販売で買いますか？

Do you buy groceries online?

540　甘い物が買いたいです。　**I want to buy some sweets.**

541　和菓子はどこで売ってますか？

Where can I buy Japanese sweets?

542　和菓子は高いですか？　**Is Japanese sweets expensive?**

543　お土産を買いたいです。　**I want to buy some souvenirs.**

544　この土地の名産は何ですか？

What's the specialty of this place?

545　ここでは葡萄と桃が有名です。

Grapes and peaches are famous here.

「有名な」は famous, well-known, renowned の英単語で表します。使い方に大きな違いはありません。「尊敬の念も込めて有名な」という意味になります。infamous, notorious も「有名な」という意味ですが、

　この場合は「（悪名高く）有名な」という意味になります。

● スピーキング力を鍛える重要性

　私たちは普段、日本語で話し、考えています。この考える言語のことを「思考言語」と呼んでいます。この思考言語がカギを握っています。思考言語が豊かであればあるほど、「思考内容」も深くなります。深い思考から高度な文学や思想が生まれます。さらにノーベル賞を取るような発見も「思考言語」の深さが豊かな発想に結びつきます。

　自分が日本語で思考した内容を英語で伝えるためには、Output（発信）活動が欠かせません。思い切って自分の気持ちを英語にして発話しましょう。受け身の英語学習から能動的な英語学習にシフトすることで学習が楽しくなるでしょう。

● スピーキングに必要な英作文力

　英語学習者は、自分が考える日本語をどのように正しい英語にするのかという手法に習熟する必要があります。すぐに直訳してしまうと、不自然な英語になり、失敗が多くなります。

　例えば、「床を水拭きしますか？」を英語に直してみましょう。日本語をそのまま直訳しようとすると「水拭き」に完全に該当する名詞の英単語を探すことは難しいですね。せいぜい「water

wipe」でしょう。この水拭きという日本語にこだわっていては
いつまでも上手くいきません。では、どのように表現するべき
でしょうか。まず、日本語の本質を考えます。「あなたは湿っ
た布で床を拭きますか？」という内容に置換します。日本語を
英語に直しやすい日本語にします。これを「日日作文」と言い
ますが、この内容を英語に直すと「Do you wipe the floor with a
damp cloth?」という英文になり、正解となります。

　日本文をその本質から考えて、何を言いたいのかという本質
から日本語に置き換え、英語に直すことができれば上手くいき
ます。常にこの本質を見つめる姿勢があれば、スピーキングは
非常にしやすくなるのです。だからといって、時間をかけて考
えていては、スムーズさに欠けます。コミュニケーションはそ
の場の流れで進みます。もたもたしているわけにはいきません。
ゆっくりでもいいので止まることなく、相手に情報を届けるこ
とが重要です。

　以前、ある日本のノーベル賞受賞者が同じ外国の受賞者の中
でディスカッションをしていました。本人が話す番になったと
き、明らかに他のネイティブ達とは違うテンポで話しました。
とつとつとゆっくり話していました。しかし、その内容はとど
まることなく、しっかりと進んでいきました。とつとつと進む
発話に世界中が釘付けになりました。視聴者の心に染み渡るよ
うな瞬間でした。内容があまりにも素晴らしく、発話が終わっ
た後に深いため息と同時に大きな拍手が起こりました。日本人

が世界で発信した感動的な瞬間になりました。

　発話は止まってはいけません。ゆっくりでも止めどなく流れることが大切なのです。

● 英語を使うということ

　「ようやく欲しい車を予約したんだけど。」
　「どうしたの？」
　「販売が 1 年先だと連絡がきたんだ。それで他の販売店も連絡したんだけど、どこも難しいらしい。」
　「えーそうなんだ、それは仕方がないね。」
　この「仕方がないね」を英語で何と言うでしょう。答えは It can't be helped. です。help には、「～を助ける」という意味があることはご存じですね。この help には「役に立つ」という意味もあり、さらに「良くなる」という意味もあります。この英文は、それは「他に方法はなかなかないね」→「仕方がないね」という意味につながっていきます。つまり、help は「助けるや避ける」以外にも様々な意味を持ちます。

　時には「お手伝いします」という意味になるので、欧米のお店で何かお手伝いしましょうかという意味で、Can I help you? と言いながら店員さんが近づいて来ることがあります。Thank you, but that's OK. や Thank you, but I think I'll be OK. と言うと優しく断ることができます。先にお礼を言ったほうが丁寧です。

Just looking. だけでは、そっけないですね。

　また、「なんとも言えないねえ」は英語で There's no way to tell. と言います。ここで使われている way には 15 種類もの意味があります。way は古英語の weg が変形してできた言葉です。もともとの意味は皆さんよくご存じの「道路」ですね。

　「僕もそう思うよ」は英語で「I think so.」と言う人が多いと思います。しかし、多くのネイティブはもっと短い表現を使います。正解は「I bet.」です。この bet はもともと「賭ける」という意味から発展して「予想する」「思う」という意味に使われるようになりました。英語の本質的な意味をつかみながらその使い方を学ぶことで、正しく英語を理解し、発信することができます。英語を使う場面を増やすことで世界は広がり、コミュニケーションの輪は大きくなるでしょう。

第2章　間違えやすい英文法

● 文法・語法の重要性

　以前の日本では「～したほうが良い」という日本語を英語にすると「had better」がふさわしいと教えられていました。しかし、現在では「should」の方が良いことが分かっています。日本人の「～したほうが良いですよ」という相手を思いやる提案の表現に近い内容を示します。had better は「～しなさい」という高圧的な表現に受け取られることが多いことが分かっています。

　また、「have + 過去分詞」は現在完了形であるということは中学生以上ならほぼ理解されています。現在なのに完了しているというこの日本語は理解されにくいようです。実際の内容を見てみましょう。

　I have broken my leg.「私は足を折ってしまった」という英文と I broke my leg.「私は足を折ってしまった」の英文では意味が違います。ここでは have に注目しましょう。足を折ったという過去の事実を現在 have「保持している」という意味になるので、今でも折れているのが、I have broken my legs. になります。I broke my legs. は現在とのかかわりがなく治っている可

能性が高いので「過去に足を折った」という意味になります。

　英語のルールや英単語の使い方が正しく理解できれば、状況に合わせて正しく英語を使用できます。これらの正しい理解がスムーズなコミュニケーションを生み出していくでしょう。

　英文の基本は主語と動詞です。特に動詞は大切です。動詞は主語の働きを具体的に表現します。さらに時制を示します。英語を使用する際には、動詞の時制は重要に扱われます。ネイティブは時間の流れを大切にしています。日本語ではそれほど時制は重要視していません。ここに英語を難しくしている原因の一つがあるでしょう。

　動詞には大きく2つの種類があります。一つは「動作」を表わす動詞で、もう一つは「状態」を表す動詞です。例をみましょう。Have you finished? と言うと「終わりましたか？」です。これは何かの動作をしていて終わりましたか？という意味です。例えば、授業などで何かを書いていて終わりましたか？と聞く時に使用します。それに対し、レストランなどで食事などが終わりましたか？という時には、今の状態を聞いているのでAre you finished? と聞くのが礼儀なのです。「終わった状態ですか？」と「食べるという行為を終らせましたか？」では丁寧さが違いますね。Have you finished? と言うと非礼に聞こえます。

　米国と英国で使い方が違う表現もあります。例えば、「must」と「have to」ですが、どちらも「〜しなければならない」という意味であることを多くの人は理解しています。米国では会

話において must よりも、have to を使う傾向があるようです。must は命令口調に感じられるからかもしれません。エッセーや記事で使われますが義務というより必要性を表すことが多いのです。

　しかし、英国では使い手の気持ちの内的要因から生じる義務の場合には must、外的要因（法律など）からくる義務の場合に have to を使う傾向があります。米国と英国でも微妙に使い方に違いが出てきます。

● 英語のルール（英文法）あれこれ

　「あなたは英語を話しますか？」と聞く時、英語で何というでしょうか？

　もし「Can you speak English?」と言うととても失礼になります。「あなたは英語を話す能力はありますか？（たぶんないでしょう）」という意味になってしまいます。ですので、「Do you speak English?」と聞く必要があるのです。

　can は「〜できる」と多くの人は認識しています。「私は富士山を登ることができた」を英語にする場合、「When I went to Japan ten years ago, I could climb up Mt. Fuji.」となります。この英文は「私は富士山を登ることができた」という日本語にできますが、内容は「私は富士山に登る能力があった」という意味

で、実際に上ったかどうかはわからないのです。ですので、富士山を登ったという事実を伝えるには、「I was able to climb up Mt. Fuji on my last trip to Japan.」と言うべきなのです。

　このように実際に伝えるときに必要なルールを共有することで日本人の英語は正しく認識されるようになるでしょう。

　もう少し例を提示してみます。欧米では人間関係に明確なラインが存在します。そこに英語の使い方についての重要なポイントが隠れています。非常に親しい間柄の場合の英語はとてもフランクなものです。例えば、「ジョン、窓を開けてよ」を「Open the window, John.」で全く問題はないのです。しかし、会社の上司などにお願いする場合は、「Could you open the window?」となります。なぜ、could を使うのでしょうか。could は can の過去形です。意味は「〜できた」であるのに、人にお願いするときに could を使う理由があるのです。

　英語では人に何かをお願いする場合、相手との「距離感」を表現することが必要となります。話をする相手に対しての「敬意」を表すことができるのです。「can」を「could」にすることによって相手に対して、「敬意」を表すことができるのです。近しい友人に「could」を使うと非常に他人行儀で、親しい友情関係ではやや硬い表現になることもあります。状況に合わせて正しい英語を使用することが重要です。

　英文法は英語のルールであり、英語の本質を見極めることができます。受動態は、「be 動詞 + 過去分詞 + by~」で示される

ことが多いということは、よく知られています。なぜ、受動態を使うのでしょうか。本来、英語は旧情報を前に置き、新情報を後ろに置く性質を持っています。ですから伝えたい内容を、「by~」を使い後ろに持ってくることでスムーズな流れになるのです。例えば、Look at those sunglasses. They were used by President Lincoln.（このサングラスを見てください。これはリンカーン元大統領が使っていたものです）となります。また、受動態は「～されている」と表現することによって客観性を示します。客観性は論文やニュースに不可欠な要素ですので、広く受動態が使われています。その場合、by ～は省略することが多いのです。ニュースなどでは動作主を隠すことによって客観性を持たせています。例：There was a big earthquake in France. Paris was badly damaged.（フランスで大きな地震がありました。パリで大きな被害が出ています）。この英文では大きな被害を与えたのは大地震であることは明白なので、by 以下を示していないのです。

　受動態を使うことを米国の作家ヘミングウェイ氏は何故か嫌っていました。たぶん彼は、だれが何をどうしたのか明確にしたかったのではないかと著者は類推しています。

＊名前を知りたいときの英語

　さて、誰かに名前を聞きたいとき、あなたはどのような英語

を使いますか？「Who are you?」と聞くことは非常に上から目線になります。この英語を使って良いのは、あなたが警官で、真夜中に犯人らしき人に出くわしたときか、あなたの家に無断で侵入してきた人に対してでしょう。

正しくは、「May I have your name, please?」です。「お名前を教えていただけますか？」という柔らかい、丁寧な表現になります。また、あなたの家のドアをノックしてきたら、「Who is it?」（どなたでしょうか？）と言いましょう。「Who are you?」は、上から目線で失礼な表現になってしまうこともあります。電話では、「Who is this, please?」（どなた様ですか？）が適切です。電話では、「こちらは今井です」は This is Imai. となります。

＊相手に職業を聞きたいとき

「What do you do?」「What does your father do?」が適切です。丁寧さもありますし、高圧的でもありません。しかし、「What are you?」「What is your father?」は確かに職業を尋ねる時に使うと言われますが、実際には高圧的な印象を与えてしまいます。「What kind of business do you have?」などの方が丁寧な印象になります。「What is your occupation?」も理解されますが、自然な表現とは言えませんので注意が必要です。

＊「どうしたの？」と聞きたいとき

　「What's wrong with you?」が一般的で普通の会話で使われます。しかし、深刻な内容について「どうなりましたか？」と聞きたい場合は、「What has become of Japan?」「日本はどうなっているんだ？」とか「What will become of our offspring?」「我々の子孫はどうなってしまうのだろう？」というように「become of~」は重要な内容に使うことができます。ことの重要性に合わせて表現を使うと良いでしょう。

＊「どれくらい」を聞きたいとき

　「それいくらですか？」と値段を聞きたいときは、「How much is it?」を使うことはよく知られています。「どのくらいの量が必要ですか？」は「How much do you need?」と表現します。しかし、どれくらいの数が必要かを聞きたい場合は、「How many do you need?」「どのくらいの数が必要ですか？」になりますので、注意が必要です。

＊「なぜ」と聞きたいとき

　「なぜ」を表す英語は why だけで十分でしょうか？ Why は単に理由を聞きたい場合に使用されます。しかし、その理由

と経過が聞きたいときは why ではなく、「How come~?」を使います。「私の息子はなぜそんなことをしたのか、理由が知りたいのです」という内容であれば、「How come my son did such a foolish thing?」です。つまり、内容の重要度が変わってきますね。「そんなことをするはずがないのになぜしたのか？」というような経過までを含めての「なぜ？」には、やはり「How come~?」を使うべきなのです。Why ～？との語順の違いに注意しましょう。

＊「〜ない」と言いたいとき

　「〜ない」という否定の表現はよく使われます。否定では、「not」を使えばこと足りるわけではありません。「never」を使ったほうが良い場合があります。「never」という単語は「not ever」からできています。「ever」は「ずっと」という意味なので、ある程度の期間を表しています。つまり、「ある程度の期間〜することはない」という否定表現なのです。

　I didn't say such a thing.「私はそのようなことを言っていません。」I've never said such a thing.「私はそのようなことを言ったことはありません。」（過去から現在まで）Never mind. の場合を除いて never は 1 回きりの行為には基本的には使えないのです。

＊5年後にお会いしましょうと言いたいとき

　5年後は「after 5 years」なのか「in 5 years」なのか、どちらが正解なのでしょうか。答えは「in 5 years」が正解です。未来に対しての5年後は in を使うことが多いのです。I will meet you in four years.「4年後お会いしましょう。」I lost my watch, but it was found after four years.「腕時計をなくしたが、4年後に見つかった。」現在からみた「〜後に」は in、過去の時点、未来の時点からの「〜後に」は after を使います。

＊日本語で使われる「自由」と英語の free は同じ意味でしょうか？

　結論から言えば、同じではありません。例えば、sugar-free ですが、「砂糖が自由に使える」という意味ではありません。「砂糖がない」ですね。つまり free は「無」というイメージなのです。
　ですので、duty-free も税金がかかってないということになるので、「免税」という意味になります。free-dial も自由に使える、ではなく、料金がないという意味なので、無料通話になるわけです。alcohol-free もアルコール自由ではなく、アルコールがないという意味なので、ノンアルコールビールのことになります。barrier-free は障害物がないという意味です。

＊数えられる名詞と数えられない名詞の違いはとても大切です。
なぜでしょうか？

　複数の名詞には「-s, -es」が付くことはよく知られています。
では、どの名詞にそれが付くのかすべて覚えなければならない
のでしょうか。なかなか難しいですね。そこで、日本人が間違
えやすい英単語をまとめて覚える方がはるかに役に立つでしょ
う。では、数えられない特徴的な名詞は８つあります。どんな
に数が増えても、「-s, -es」はつかない英単語が以下の通りです。

furniture（家具）　clothing（衣類）　baggage（手荷物）

luggage（手荷物）　machinery（機械類）　mail（郵便物）

post（郵便物）　poetry（詩歌）

＊ go to school と　go to the school の違いは？

　the が付く表現と付かない表現では、何が違うのでしょうか。
ずばり、強調する部分が異なります。 go to school は「学校に
行く」という行為に重点が置かれ、習慣化された行動について
述べられています。ですので、私は学校に毎日行く場合には、
I go to school every day. となります。

　しかし、go to the school は the によって school が強調されて
いますので、「その学校へ行く」が強く表現されることになり
ます。ここで話者が伝えたいのは「その学校」を強調したいの

でしょう。

＊ it と that には大きな違い

　it は常に一般的で中立的なものに使われます。何かを強調するわけではありません。ですので、My brother passed the entrance examination of a medical college. と誰かが言って、「それは良かったですね」を英語に直す場合、It's great. では、本当に良かったですねというニュアンスが伝わりません。素っ気ない感じがします。ここでは、「That's great.」と書く方が「それは良かったですね」というニュアンスが伝わるでしょう。

＊ it と one の違い

　it はさらに特定のものを示すのに対して one は不特定な一つのものを示しています。例えば、次の英文を例に見てみましょう。I lost my pen yesterday, so I tried to find it until midnight. この英文でitの代わりにoneを使うと非常に奇妙な英文になります。もし one を使うと、自分が失くしたペンではなく、だれのものかわからない一般的なペンを探そうとしていたかも知れないことになるのです。

● 過去の推量

　さて、英文法をマスターするにはどうしたら良いでしょうか。今まで読んできたように知識を増やすことがまず第 1 の解決策です。さらに writing（日本語を英語に直す活動）を行うと良いでしょう。

　例えば、「その試合は 10 時に終わったはずだ」を英語にする問題を見てみましょう。問題には次のような英単語が並んでいて、正しい英文にします。（The game, shall, finish, 10）この単語群から英文を作ります。答えは、「The game should have finished at 10.」です。「should have ＋過去分詞 」は「〜したはずだ」という意味で、過去の推量を表します。

● 基本例文の重要性

　具体的な英文を見てみましょう。では、次の日本語を英語にしてみましょう。

　「私は火曜に手が空いています」

　「I don't have anything in my hand on Tuesday.」と は 言 い ません。これはいわゆる直訳です。正しくは→ I'm free on

Tuesday. が正解です。英語にするとき、日本語の本質から具体的な内容を考える必要があります。「私は、火曜日、手が空いています」というように日本語を直接英語にしてはいけません。一度、内容の本質を考える必要があるのです。直訳ではいけないのです。

　語彙についてのトリビアですが、Free は古英語の freo（親愛な）から生じた単語で friend と同じ語源です。

「火曜日にあなたに会う予定です」

　I will see you on Tuesday. では、ニュアンスが伝わりません。will を使うと、「会うかもしれないし、会わないかもしれない」という偶発的な出会いを表しています。ですので、→「I'm going to meet you on Tuesday.」が正解です。will と be going to は使い方が違います。あらかじめ、予定している場合に使うものが、be going to になります。今決めて、「〜するよ」と意思決定するものが will になるのです。

● the の用法

　the は「その〜」と限定して示します。前に出てきた名詞の代わりに使うことが多いです。また、地球や太陽など一つしか

ないものに使います。その影響かは定かではありませんが、特定できるものに the が付きます。最も良い本は英語で the best book となり the が付きます。楽器にも the が付きます。I play the guitar. などです。ちなみに、the を付けない場合でも意味の違いがあります。I eat chicken. は「私は鶏肉を食べます」となりますが、I eat chickens. では「私は生きている鶏を食べます」という意味になりますので、注意が必要です。

● 仮定法とは

「～だったらいいのになあ」という人の願望を表す英語表現を仮定法と言います。人の願望は、どの時代でもあるでしょう。ただし、この願望も実現しない内容と実現する可能性が強い内容では使い方が違います。仮定法は実現しない内容を表しています。仮定法では be 動詞の were や助動詞の would を使って表します。大好きな人がいて、今にも会いたい気持ちを表す場合、「If I were a bird, I would fly to you.」（もし私が鳥だったら、あなたのもとに飛んでいけるのになあ）という英文で表します。この英文が仮定法です。現実的には人が鳥になることはできませんので、特殊な英語表現を使用して、その気持ちを表したものが仮定法です。I wish I were a rich person. では、「お金持ちだったらなあ」という気持ちを表します。会話の中では、I wish I

was a rich person. と言うこともあります。必ずしも were だけを
使用するわけではありません。

　現実的に起こらない内容を表す用法が仮定法なのです。主語
が I なのに were を使ったりする仮定法ですが、現実には起こ
らない内容を表すためにあえて、were や現在の内容であるの
に would などを使って現実との距離を表しているのです。

● will, would, can, could の違い

　Will you~? は「～してくれませんか？」という意味です。
will は名詞で「意思」という意味があり、「～する意思があり
ますか？」という意味が潜んでいます。ですので、No, I will
not. と答えると「～する意思はない」というきつい返答になり
ます。I'm sorry, I can't. と丁寧に答えたほうが良いでしょう。

　Can you~? は親しい間柄の人同士が使います。意味は「～し
てくれませんか？」です。非常にカジュアルな表現です。年
上の人や初対面の人には使わない方が良いでしょう。Would
you~? の場合も、～する意思があるかどうかを聞いています。
この表現を使う場合は、能力的にも物理的にも可能性があり、
後はその意思があるかどうかを聞いています。しかし、Could
you~? の場合は能力的、物理的に「～することができるかどう
か」を聞いています。Could you tell me the way to the hospital?

は「病院までの行き方を知っていますか、知っていたら教えていただけますか？」という内容で、Would you tell me the way to the station? は、駅までの道を知っていることを前提に、教えていただけませんか？と聞いているのです。

● 不定詞と動名詞の違い

　不定詞は to+ 動詞で表します。動名詞は動詞に ing がついて名詞になったものです。本来、to は方向を表す前置詞が起源です。現在でも、to はこれからの方向性という意味で「未来」を表しています。動名詞は、どちらかと言うと過去に行った内容を表しています。これからのことを表すのが不定詞ですので、I remember to write to my English teacher.「私は英語の先生に（これから）手紙を出すことを覚えています」という意味です。I remember writing to my English teacher. は「私は英語の先生に手紙を出したことを覚えています」という意味になります。

　また、I stopped to smoke. は「私は煙草を吸うために立ち止まった」という意味になります。I stopped smoking. は「私は喫煙をやめた」という意味になります。全く違う内容になります。さらに、decide to~（～することに決める）、plan to~（～する予定だ）want to~（～したい）など使用する動詞によって、不定詞しか使えない動詞や mind ~ing（～するのを気にする）、

enjoy ~ing（〜することを楽しむ）、give up ~ing（〜することを
諦める）など動名詞しか使えない動詞もあります。

● any と some の違い

some は主に肯定文で使われます。否定文では any を使います。
どちらも「いくつかの」という意味になり、疑問文で使われます。

Do you have any pets?（あなたはペットがいますか。）No. I
don't have any pets.（いいえ, わたしには1匹もペットはいませ
ん。）ただし、疑問文でも some を使う場合があります。

Do you want some drinks?（飲み物はいかがですか？）は、ほ
ぼ答えが yes になる場合に使われます。

● have to と must の違い

前述のように、両者ともに「〜しなければならない」という
日本語になります。しかし、ネイティブは使い方に違いがあり
ます。must はかなり強い強制力が働き、自分で〜なければな
らないと自発的な強制を感じています。しかし、have to は外
的要因から強制力を感じています。楽しいパーティの途中で、
I have to go now. と言えば、自分はここにいたいのだけれども、

何かの理由で行かなければならないというニュアンスが入ります。これを I must go now. と言うと、自分の意志でここを出るという強い意味合いになり、同席者に対してきついイメージを与えます。You must~ の表現はよほどの内容でない限り使うべきではないでしょう。使う場合は、上司から部下への指示などであり、一般の人が使うにはかなり上から目線になってしまうことを理解して使うようにしましょう。

● of の使い方

of は基本的にある集合体の中の一部を示します。つまり、部分や所属を表現します。また「〜の○○」と言う場合、of を使う時と、「~'s」を使う時に分かれます。以下、代表的な例を示します。

Tom is one of my friends.（トムは私の親友の一人です。）（部分）

He always thinks of his family.（彼はいつも家族のことを考えています。）（関連）

His explanation of his theory was easy to understand.（彼の理論についての説明はわかりやすい。）（意味上の目的語）

「~'s」を使う場合

人や動物：John's brother（ジョンの弟）

日や時間：today's newspaper（今日の新聞）

場所：New Zealand's climate（ニュージーランドの気候）

「〜の○○」と言う場合

無生物：the legs of the table（テーブルの脚）

修飾語を伴う：the cap of the doll standing there.（そこに立っている人形の帽子）

新出の情報：She is the daughter of a famous singer.（彼女はある有名な歌手の娘です。）

● have＋物＋過去分詞／ have＋人＋動詞

この形の英文では、have は使役動詞「〜される、してもらう」の意味になります。

I had my mobile phone repaired yesterday. の英文では、「私は昨日、携帯電話を修理してもらった」という意味になります。She had the doctor check her eyes. は、「彼女は医師に目を検査してもらった」という意味になります。have＋物＋過去分詞は、「物に対して〜してもらう」、have＋人＋動詞は「人に〜させる」という意味になります。また、自分の不注意で被害を受け

る場合には、get を使います。I got my coat caught in the bus door when I got on the bus.「バスに乗る時にコートがドアに挟まれました」という意味になります。have は本質的に「〜という状態を保持する」という意味を持っています。同じ「〜させる」という意味の make よりも強制力は弱いのです。

● make, let, get, have「〜させる」使役動詞の違い

　make は最も強制力が強く、その人がしたくないことを強制的にさせる時に使います。The P.E. teacher made me do some heavy exercise.「その体育教官は私に激しい運動をさせた」という英文で使うのが make です。get は「〜したい」わけではないけれども、説得やお願いをして何かをさせる場合に使います。また、原形不定詞は取りません。I couldn't get her to sign the document.「私は彼女に書類にサインさせることができなかった。」have はその状況から「〜するのが当然」と思われることをさせる場合に使います。I had the doctor examine my lungs.「私はそのお医者さんに肺を検査してもらった。」医者が肺の検査をすることは当然の内容になります。let はその人がもともとしたいことをさせる許可を与える内容になります。「私にそれをやらせてください」Let me do it. という英文になります。同じ使役動詞でも、内容はかなり違うのです。

● take の使い方

　take には様々な意味がありますが、全てを暗記するよりも本質的なイメージを理解したほうが正しい使い方ができます。take は「その人の意志で何かを動かす」というイメージです。移動させて自分の手の中に入れたり、自分の近くに置いたり、自分の意志で行動決定します。実際の例文を見ましょう。

　She took a book from the book shelf. 「彼女は本棚から本を 1 冊とった」

　He took his son in his arm. 「彼は息子を抱きしめた」

　My father took the dogs for a walk. 「父は犬を散歩に連れて行った」

　Can I take your coat? 「コートをお預かりしましょうか？」

　The boy took a picture. 「その少年は写真を撮った」

　We took the shortest way home. 「最も近い道を通って家に帰った」

　受動態になるとその人の意志ではなく、奪われたというニュアンスが入ります。

　My mother was taken from us by cancer. 「母はがんで亡くなった」

● few と a few の違い

この 2 つの表現の違いは、後ろ向きな few と前向きな a few の違いです。I had few options. 「私には選択肢はほとんどなかった」という意味になります。I had a few options. は「私にはほんの少しの選択肢はあった」というように前向きな意味合いが入ります。I went to a bar and had a few glasses of beer. 「私はバーに入り、何杯か飲みました。」We had few visitors. 「訪問客はほとんどいなかった。」また、few は固い印象を与えるので会話表現では not many が好まれます。My brother doesn't have many friends. 「私の兄弟はたくさんの友人はいない」

● any の使い方

any には 3 つの代表的な使い方があります。疑問文で「どれか、いくらか」（Do you have any money? 「お金をいくらか持っていますか？」）、否定文で「どれも（〜ない）」（I don't want any sweets. 「甘いものはいりません」）、肯定文で「どれでも」（You can read any book. 「あなたはどの本でも読んで構いません」）です。「いくらか」という意味で、some もあります。こちらは肯定文で使われますが、any と似た意味で、前述のように疑問文で使われることがあります。この場合は条件があり、相手の返

事が yes の場合に使われます。Would you like some more coffee?「コーヒーのお代わりはいかがでしょうか？（はい、どうぞ）」と言いながら、注いでいる場面で使われます。

●「また、遊びましょう」

　「また遊びましょう！」はどうしても play を使いたくなりますが、小さな子供が遊ぶときは良いのですが、中学生以上は奇妙な印象を与えます。Let's play again! は、使わないほうが良いでしょう。中学生以上は Let's hang out soon! と言う方がより自然です。ただし、遊ぼうという表現自体、ネイティブでも 40 代くらいまでしか使わないようです。50 代以上の大人は一緒に遊ぼうという表現自体、使用しないようです。何かをして楽しむ場合は、具体的にその内容を表現した方が良いようです。例えば、Let's play golf this weekend and have fun.「今週末ゴルフをして、楽しみましょう。」

●「あなたの趣味は何ですか？」

　「あなたの趣味は何ですか？」と言うと hobby を使う日本人が多いのですが、じつはネイティブは hobby はあまり使用しま

せん。hobby はかなり凝った趣味に使います。あなたの趣味は何ですか？ という問いに相当するのは、「暇があったら何をしますか？」という質問です。その場合、「What do you do in your free time?」が適切です。欧米の人々にとって「読書、写真撮影や旅行」は日本人が考える趣味には該当しません。つまり英語の hobby と日本人が考える趣味と同じではないのです。英語の hobby はもっとマニアックな内容になるでしょう。

● 「今、行くよ」

「今、行くよ」は「I'm going soon.」ではありません。I'm coming soon. が正しいのです。これは日本人とネイティブの状況判断の違いによるものです。日本人はいつも会話する相手と同じ場面にいますので、行くという言葉自体、go と考えます。ネイティブは自分と相手を俯瞰して見ています。つまり、第三者的に上から見ている感覚で話します。A さんのところに B さんが行きます。このとき、A さんから見て、B さんが行くのではなく、B さんが来るのです。どこを視点にして話すのかがポイントになります。視点の違いによって主語や動詞が変わります。ですので、「今、行くよ」は coming を使うのです。

● 「ちょうど」

　「ちょうど 10 時です」は just を使います。just の他に exactly や sharp も使うことができます。It's exactly at seven. とか It's at seven p.m. sharp. と表現することができます。

● 日本語と違う疑問詞を使う表現

　日本語で「ドイツの首都はどこですか？」に対応した英語は「Where is the capital of Germany?」ではありません。「What is the capital of Germany?」が正解です。「どこ」＝「where」と日本語をそのまま英語に置き換えてしまうのは間違いです。「首都の名前」が「何か」という意味ですので、「what」を使います。日本語をそのまま英語に直してしまうとこのようなミスが起こります。場所を聞きたい場合は、もちろん where を使います。日本語は「ドイツの首都はどの辺にありますか？」となり、「Where is the capital of Germany?」を使います。答えは「It's in the middle of the country.」となります。

● 「どう思う？」

「どう思う？」を英語に直すと How do you think? と書いて
しまう人が多いのです。「どのように」を英単語で考えると、
how と考える日本人は多いです。これは日本語の影響でしょう。
「どのように思いますか？」は何を思いますか？という内容で
す。ですので、What do you think? が正しいのです。ちなみに「How
do you think?」だと、「どうやって考えるの？」という文になり、
まるで相手が、思考力がないかのような表現になり、失礼な印
象になるでしょう。「どうしてここに来たんですか？」という
日本語を英語に直すとき、多くの人はすぐに Why を思い浮か
べますが、正しい英文はこちらです。What brought you here? と
なります。

●「ぶどうが好きです」

　「My mother likes grapes.」と「My father likes a grape.」どちら
も英文として間違ってはいません。しかし、お母さんはブドウ
が大好きですが、お父さんは少々奇妙な人かもしれません。何
しろ、ブドウ一粒が好きなのです。ブドウ一粒が好きな人はな
かなかいません。一度に少なくとも数個は食べますね。また、
「犬が好きです」という場合、「I like dogs.」と複数形で表しま
す。しかし、I like chicken. は鶏肉が好きという意味になります
が、I like chickens. と言うと生きた鶏が好きという意味になっ

てしまいます。like なら良いのですが、eat を使う場合、余程の注意が必要となるでしょう。

●「彼の日本の知識は潤沢です」

He has many knowledge about Japan. は正しい英文ではありません。He has much knowledge about Japan. が正しいです。

「knowledge」「advice」などは数えられない名詞で、不可算名詞と言われています。不可算名詞には many ではなく much を使います。それでは、実際に可算名詞と不可算名詞を比較してみましょう。

まず、可算名詞です。a job（仕事）、a view（景色）、chairs（いす）、a suggestion（提案）等です。どれも数えることが可能で、明確な個数を表現することができます。つぎに、不可算名詞です。salt（塩）、scenery（景色）、travel（旅行）、furniture（家具）、advice（忠告）等です。数で表現できない点が特徴です。

● 現在分詞と過去分詞の間違い

「わくわくしています。」I am excited. と I am exciting. はどちらが正しいのでしょうか？正解は I am excited. です。exciting はワクワクさせる物や人を主語に取ります。例えば、The game was exciting.「その試合は面白かった」は正しい英文です。その結果、I was excited.「私は面白かった」とつながることが自然な流れになります。「私は混乱した」は I was confused. と表します。

● 動詞の性質上の間違い

　動詞には大きく分けて2種類あります。自動詞と他動詞です。一番大きな違いは、目的語を持つか持たないかの違いです。例を見ましょう。start という動詞があります。「新学期が始まった」という日本語を英語に直すと「Our new school days have started.」となります。動詞 start は目的語を持ちません。この start は自動詞です。「～が始まる」という意味で使われています。しかし、「私たちは今日、部活動を始めた」という英文を作ると「We started our club activities today.」となります。

● 動詞 discuss に about をつける日本人は多い

　「私たちはその問題について話し合った」を英語に直すと、「We discussed the matter.」となりますが、多くの人は「We discussed about the matter.」と言ってしまいます。とても不思議

な傾向で、discuss は他動詞で直接、目的語を持つのです。目的語を持てない自動詞は、about などの前置詞を必要とします。「We talked about the matter.」この英文では talk は自動詞なので about が必要になります。

● 和製英語が日本人の英語をおかしくしている？

日本人が英語だと思っている表現には、ネイティブには通じないものが多くあります。知らずに使わないようにしましょう。

和製英語	通じる英語
モーニングサービス	breakfast special
リフォーム	renovate
サイン	signature/autograph（記念のサイン）
ファイト！	Go for it!
フロント	reception desk
トレーナー	sweatshirt
パーカー	hooded sweatshirt / hoodie
ワンピース	dress
コンセント	outlet

ペットボトル	plastic bottle
段ボール	cardboard
バーゲン	sale

● family の使い方

　Where is your family? に 対 し て の 答 え は？ They are all in Hakodate. となります。主語が We にならない点がポイントです。英語では家族の中に自分を入れずに話すことが普通です。

　How many people are there in your family？　答 え は There are four in my family. となります。× My family is four. と言う人が多いのですが、間違いです。また、All my family is（英 are）early risers.「私の家族は皆早起きです」という英文では、自分は含まれませんので、注意が必要です。

● 日本語をそのまま英語にしても通じない

　「学校に忘れてきたよ」を英語にします。「学校」は school、「置き忘れる」は forgot なので「I forgot at school.」と言っても通じにくいでしょう。forget は通例、場所を表す副詞（句）と

は使わないルールがあります。正解は「I left it at school.」です。leave は他動詞なので、目的語が必要です。そしてこの場合の本質は、「忘れてきた」は「残してきた」ということなので、動詞は leave を使うべきなのです。日本語をそのまま英語にすると通じない英文が出来てしまいます。I forgot to bring it from school. という英文であれば通じそうです。会話であれば、I forgot it at school. と言えば、ぎりぎり通じるでしょう。

「昨晩、何時に寝ましたか？」を英語にすると、多くの人は「寝る」＝ "sleep" と考えます。この場合は寝るという行為をいつしましたかを聞いているので、sleep ではなく go to bed を使うべきです。What time did you go to bed last night? が正しい英文です。sleep を使う場合は、Did you have a good sleep? 「良く寝ましたか？」などと言うべきでしょう。

また、「ピーマンを食べないの？」「うん、食べたくない。」この会話を英語に直します。この場合、この日本語をそのまま英語に直すと奇妙な英語が出来上がります。「Don't you eat green pepper?」「Yes, I don't want to eat green pepper.」Yes の後に don't はさすがにない表現です。「No, I don't.」が正しい表現になります。否定疑問文で尋ねられた場合、日本語とは Yes / No が逆になります。

「お会いできて良かったです」「私もです」を英語に直します。前述のように、「Nice to meet you.」「Me, too.」これは間違いです。日本語をそのまま英語にすると起こるミスです。「Nice to meet you.」「Nice to meet you too.」と答えるべきです。

　「なぜ彼が先生だと思うのですか？」を英語に直す場合、Do you think why he is a teacher? と書く人がいます。これは間違いです。疑問詞は文の最初に来るべきなので、「Why do you think he is a teacher?」という語順になるべきなのです。

第3章　英語の本当の音をつかむ

　英語の音はとても特徴的で、気をつけなければならない音が複数あります。英語は一つ一つの英単語からできています。それらの英単語が複数集まり意味をなします。また、それらの英単語のお互いの音がつながり、変化します。それぞれの英単語の最初と後ろの音が一つになったり、消えたりもします。その音の特徴を把握することで、リスニングの能力も向上していくでしょう。これらの特徴を身に付け、マスターすることで、飛躍的に英語力が高まります。スピーキングも良くなるでしょう。さて、マスターすべき音の特徴は3種類です。それぞれに名前があります。（1）リダクション（2）リンキング（3）アシミレーションの3つです。これらの音の特徴をマスターしましょう。

（1）リダクション（英語音の変化・脱落）Reduction

　リダクションとは、英語発音において音声が脱落してしまうことを表しています。この傾向はアメリカ英語に多く見られるようです。特徴は、発音しやすい音に変化することです。子音の後のつながりが変化することが多いのです。2語の英単語の

つながりの中で起こります。実際の英文の例を見てみましょう。何度も発音して練習しましょう。あなたの英語力が確実に向上します。

1 Do you <u>want some milk?</u> 「うぉんと　さむ　みるく」とは言わない。「うぉんさむみうく」が正しい。

> 「Do you want some milk?」「Not now. Thanks.」
> （牛乳、飲む？）　（今は良いよ、ありがとう。）

2 <u>Have a good day.</u> 「はぶ　あ　ぐっど　でい」とは言わない。「へぶぁぐっでい」が正しい。

> 「Have a good day.」「You, too.」
> （じゃあね。）　　（またね。）

3 <u>right there</u> 「らいと　ぜあ」とは言わない。「らいっぜぁ」が正しい。

> 「Where is my key, honey?」「It's right there.」
> （鍵、どこ？）　　　　　　（そこにあるじゃない。）

4 <u>take care</u> 「てえいく　けあ」とは言わない。「ていっけぁ」が正しい。

> 「See you, John.」「Take care, Hiroshi」
> （さよなら、ジョン）（またね、ひろし）

5　<u>don't know</u>　「どんと　のう」とは言わない。「どんのう」
　が正しい。
　　　「I don't know what to do.」
　　　（どうして良いか、わからないよ。）

6　He is my <u>best friend.</u>　「べすと　ふれんど」とは言わない。
　「べすっふれん」が正しい。
　　　「Do you know that boy standing near the big box?」
　　　「He is my best friend.」
　　　（あの大きな箱の横に立っている男の子、だれ？）
　　　（僕の親友さ。）

7　I'd like to have a <u>hot dog.</u>　「ほっと　どっく」とは言わない。
　「ほっどぉ」が正しい。
　　　「What should we have for lunch today?」
　　　「I'd like to have a hot dog.」
　　　（今日のランチ、何にする？）
　　　（ホットドッグがいいな。）

8　Do you know <u>about that?</u>　「あばうと　ざっと」とは言わな
　い。「あばうっざっ」が正しい。
　　　「Are you sure that he closed the door of the bank before
　　　　you left?」「No doubt about that.」

（あなたが帰る前に銀行のドアを閉めたのは彼だというのは確かなの？）（間違いないよ。）

9　<u>coming back</u>　「かみんぐ　ばっく」とは言わない。「かみんばっ」が正しい。

　　　「You look so tired. What happened?」

　　　「I walked going and coming back. 」

　　　（疲れてるね、どうしたの？）

　　　（往復、歩いたよ。）

10　<u>back door</u>　「ばっくぅ　どぉぁ」とは言わない。「ばっくどぉぁ」が正しい。

　　　「You can enter our house through the back door.」

　　　（勝手口から入っていいよ。）

11　<u>Afraid so.</u>　「あふれいど　そう」とは言わない。「あふれいそぅ」が正しい。

　　　「<u>I'm afraid so.</u>」（残念ながら、そのようです。）

12　<u>What's up?</u>　「わっつ　あっぷ」とは言わない。「わっさっぷ」が正しい。（こんにちは、元気？）

（2）リンキング（英語音の結合）Linking

　リンキングは二つ以上の英単語の音が結合し、「母音と子音がつながる」現象を表します。この音のシステムを理解することで listening もスムーズになるでしょう。

13　<u>check it out</u>　「ちぇっく　いっと　あうと」とは言わない。「ちぇけらうと」が正しい。

　　　　「I'd like to go in and check it out.」「Go ahead.」
　　　　（中に入って、それを確かめてみたい。）（どうぞ。）

14　<u>an apple</u>　「あん　あっぷる」とは言わない。「あなっぽぅ」が正しい。

　　　　「I think I need some vegetable protein.」
　　　　「I don't think so. An apple is much better for your health.」
　　　　（植物性たんぱく質が必要だと思うんだよ。）
　　　　（そうは思わないな。リンゴを食べた方がいいよ。）

15　<u>get off</u>　「げっと　おふ」とは言わない。「げらっふ」が正しい。

　　　　「I'm sorry, but I'd like to get off here, sir.」
　　　　（すみません、ここで降りたいんですけど。）

16 <u>a little bit</u> 「ありとる　びっと」とは言わない。「ありる
びっ」が正しい。

　　　「Would you like some sugar?」「Just a little bit.」
　　　（砂糖、いりますか？）　　　（ええ、少しだけ。）

17 <u>I got to go</u> 「がっと　とぅ　ごう」とは言わない。「がら
ごぅ」が正しい。

　　　「I'd like to talk with you for a while.」
　　　「Sorry, I've got to go right now.」
　　　（少し話したいんだけど。）
　　　（ごめん、今すぐ行かなきゃ。）

18 <u>Let us in</u> 「れっと　あす　いん」とは言わない。「れった
すいん」が正しい。

　　　「Please let us in the room.」
　　　（どうか私たちを部屋に入れてください。）

19 <u>Not at all.</u> 「のっと　あっと　おーる」とは言わない。「な
らろぅ」が正しい。

　　　「Do you mind opening the window?」「Not at all.」
　　　（窓開けてもいい？）　　　（構わないよ。）

20 <u>turn at</u> 「たーん　あっと」とは言わない。「たぁなっ」が

正しい。

　「Whose turn at bat is it?」

　（誰の打順かな？）

21　<u>Cut it out.</u>「かっと　いっと　あうと」とは言わない。「か
　りっあぅ」が正しい。

　「Cut it out! Go outside if you want to play soccer.」

　（やめなさい。サッカーするなら、外でやりなさい。）

22　<u>want to</u>　「うおんと　とぅ」とは言わない。「わなっ」が正
　しい。

　「I want to go to San Francisco next month.」

　（来月、サンフランシスコへ行きたい。）

23　<u>have to</u>　「はぶ　とぅ」とは言わない。「はふたぁ」が正しい。

「Bankers have to conceal those documents from the citizens.」

　（銀行家は市民たちにその文書を隠さないといけない。）

24　<u>ask at</u>　「あすく　あっと」とは言わない。「あすかっ」が
　正しい。

　「Why don't you ask at the reception desk?」

　（フロントで聞いてはいかがですか？）

25 <u>have a</u>　「はぶ　あ」とは言わない。「へぶぁ」が正しい。

　　　「Do you have a pen?」

　　　（ペン、持ってる？〈ペンを貸してください。〉）

26 <u>Carry it out.</u>　「きゃりー　いと　あうと」とは言わない。「きゃりいらぅ（だぅ）」が正しい。（それを行いなさい。）

27 <u>for a while</u>　「ふぉー　あ　ほわいる」とは言わない。「ふぉらわぃ」が正しい。（しばらく）

28 <u>Got a minute?</u>　「がっと　あ　みにっと」とは言わない「がらみに」が正しい。（ちょっといい？）

29 <u>That's what I want to do.</u>　「ざっつ　わっと　あい　うぉんと　とぅ　どぅ」とは言わない。「ざっつ　わっらい　うぉ　などぅ」（それは、私がしたいことです。）

30 <u>a cup of tea</u>　「かっぷ　おぶ　てぃー」とは言わない。「ぁかっぽってぃー」が正しい。

　　　「Would you like a cup of tea?」

　　　（お茶はいかがですか？）

31 <u>a lot of car</u>　「あ　ろっと　おぶ　かー」とは言わない。「ら

らぶかっ」が正しい。

　　「There are a lot of car in the parking lot.」
　　（駐車場にはたくさん車が入ってます。）

32　<u>a number of people</u>　「あ　なんばー　おぶ　ぴーぷる」と
　　は言わない。「なんばらぁぴーぽー」が正しい。

　　「A number of people tried to see the fireworks.」
　　（多くの人々が花火を見ようとしていた。）

33　<u>What a pity!</u>　「ほわっと　あ　ぴてぃ」とは言わない。「わ
　　らぴり」「わだぴり」が正しい。（悲しいね、残念だね）

（3）アシミレーション（同化、塁化）Assimilation

　アシミレーションは2つの音が同化して1つの音に変化し
ます。例えば、want と you が並ぶと want you と「うぉんちゅ」
となります。二つの単語をつなげると全く違う音になるところ
がこの音変化の特徴となっています。この音変化は多くの種類
はないので、代表的な8つについてマスターすることができれ
ば十分に実践的に会話できるでしょう。

34　<u>meet you</u>　「みーと　ゆー」とは言わない。「みーちゃ」が

正しい。

「I will meet you at the aquarium before 11.」

（11時前にあなたと水族館でお会いしたいです。）

35 <u>Did you~?</u>　「でぃどぅ　ゆう」とは言わない。「でぃじゅー」
が正しい。

「Did you achieve your purpose?」（目標達成できた？）

36 <u>Would you~?</u>　「うっど　ゆう」とは言わない。「うっじゅー」
が正しい。

「Would you connect the two companies?」

（その2つの会社を結びつけていただけませんか？）

37 <u>Could you~?</u>　「くっどぅ　ゆう」とは言わない。「くっじゅ
う」が正しい。

「Could you discover the last message she left?」

（彼女が残した最後のメッセージを見つけてくれませ
んか？）

38 <u>bless you</u>　「ぶれす　ゆう」とは言わない。「ぶれっすゆぅ」
が正しい。

「God bless you!」（お元気で！／神のご加護がありま
すように）

39　<u>with you</u>　「うぃず　ゆう」とは言わない。「うぃっすゆぅ」
「I'll walk with you.」
（私はあなたと一緒に歩む。）

40　<u>ought to</u>　「おうと　とぅ」とは言わない。「あーたぁ」が
正しい。
「You ought to stop smoking.」
（タバコを吸うべきではありません。〈毅然と〉）
＊ You should stop smoking.
（タバコは止めたほうがいいよ。〈やわらかい態度で〉）

41　<u>but I</u>　「ばっと　あい」とは言わない。「ばらい」が正しい。
「I feel so painful, but I won't cry.」
（すごく痛いけど、泣かないからね。）

42　<u>Can I get you ~?</u>　「きゃん　あい　げっと　ゆう」とは言
わない。「きゃないげっちゅー」が正しい。
「Can I get you something to drink?」
（何か、お飲み物でも差し上げましょうか？）

43　<u>Give me some bread.</u>　「ぎぶ　みー」とは言わない。「ぎみー」
が正しい。（パンを少しください。）

44　<u>Let me know.</u>　「れっと　みい　のう」とは言わない。「れっ
　　みのう」が正しい。（教えてね。）

　以上の特徴をマスターするだけでもかなりあなたの発音は
改善するでしょう。この 3 種類の音の特徴を英語の頭文字を
使って「れりあ」の発音と呼んでいます。「ReLiA」（Reduction,
Linking, Assimilation）これらの音をマスターして、快適な英語
ライフを過ごしてください。

● 実際の音で話すことの大切さ

　Where do you come from? を 1 語 1 語、切って発音しても理解
してもらえるでしょう。しかし、日常生活では「うぇぁどぅよ
こむふろ」のように流れるように発音されます。何度も発音練
習すると良いでしょう。
　もう一つわかりやすい例を示しましょう。I have a pen. を「あ
い　はぶ　あ　ぺん」というか「あいへぶぇぁぺん」というか
の違いです。流れるような英語を話すのか、とつとつと、とぎ
れとぎれに英語を話すのかで大きな違いがあるのです。実際の
英語で発話できるように普段から意識して英語学習するべきで
す。何より正しい発音の方がカッコいいことは間違いありませ

ん。

　著者が米国にいるときに経験したことです。家族でブッフェスタイルのレストランで食事をしていました。そこに二人の日本人女性が入ってきました。かなり長い間、サーブしているアメリカ人女性と話しています。気になって、聞いていました。そこでの会話に著者は驚きました。その女性達は盛んにこう言っています。「バイキング？」確かに日本では、食べ放題のシステムはバイキングとよんでいますが、英語では「海賊」です。助け船を出そうかと思いましたが、これも旅の良い思い出になるだろうと思い、様子を見ていました。女性達は何とか無事にテーブルに付き、食事を楽しんでいました。正しい発音と共に、正しい語彙の学習も必要であると感じました。

第4章　発信力強化のレッスン

● なぜ英作文が重要なのか

　日本語で考えた内容を英語で表現するには、日本語を英語に直す活動が必要です。いわゆる「英作文」です。外国の英語圏で具合が悪くなった時、病院で医師に今の状況を伝えます。「頭が痛い」を伝えるには、頭→ head、痛い→ pain の英単語を使い、文章にします。「My head is pain.」で何とか伝わるでしょう。この作業を頭の中で行いますが、伝えたいことが長いと時間がかかります。

　頭の中で考えた日本語を英語に直すこの作業を何度も行うと、この作業スピードは速くなります。瞬時にこの作業ができるようになることを、英語の「自動化」と著者は言っています。英語を自動化できれば、かなりスムーズに英語を使うことができるでしょう。最初は、ゆっくりと徐々にスピードを上げましょう。

　英語でコミュニケーションする場合、初期段階では頭の中で英作文の作業が必要になるということです。最終的には、英語で考えているように英語を使えるようにすることが目標になります。

● 英作文ができるとスピーキングに効果があるのはなぜか

　自動化した英語は、瞬時に出てきて、その英文を「音声化」することでスピーキングが成立します。

　「日本語で思考」→「英語に置換」→「音声化して発話」→「スピーキング」という流れになります。そして、このプロセスにリスニングが入ると、「リスニング」→「日本語で思考」→「英語に置換」→「音声化して発話」→「スピーキング」という過程が繰りかえされます。

　ゆっくりとしたスピードであれば、良いのですが、ネイティブスピーカーの英語は速いですね。コミュニケーションを行うには一定のスピードが必要になります。さらに、リスニングでは、何を聞くかがポイントになります。いずれにしても、英作文が出来なければ、スピーキングは難しいでしょう。

● 英作文力強化の具体的な手法

　英作文を強化するには二つの側面を鍛える必要があります。一つは、「正確性」です。英語で「accuracy」と言います。ある程度正確でなければ、通じません。

　単語だけでコミュニケーションする英語をターザンイングリッシュと言います。「me, Tarzan, you, Jane」というものです。

正しくは、I am Tarzan. You are Jane. Right?「私の名前はターザンです。あなたのお名前はジェーンですね？」と言った感じでしょう。このターザンイングリッシュも通じないわけではありませんが、コミュニケーションレベルは低いままです。複雑な内容は伝わりません。

　次に必要な要素が、「流暢さ」です。英語で「fluency」と言います。流れるように英語が出てこなければ、コミュニケーションは成立しません。今までの英語教育では、この二つを徹底的に鍛えることが少なかったのです。そこで、著者と生徒達とで考えだした新しい英作文の練習方法を紹介しましょう。

● SSCC（同時自己添削英作文）

　正確性を鍛える練習方法が SSCC です。同時自己添削英作文と言います。英語では「Simultaneous Self-Check Composition」と書きます。著者が命名しました。

　授業中継のように内容をお伝えします。（1）生徒は教員の日本語を聞いて、頭の中で英文を作ります。（2）つぎに頭の中の英文をノートに書きます。（3）教員は黒板に模範英文を書きます。（4）生徒は書き終わると模範英文を見て、自分の書いた英文を赤ペンで自己添削します。疑問点があれば、教員に質問します。この手法で一文ずつ書いていきます。最終的に

100 語くらいの段落（パラグラフ）になります。

　生徒との問答の内容はほとんどが英文法の内容になります。自分で考えて書いた英文が正しいのか、そうでないのかその場でわかります。1 文 1 文、丁寧に書いていきますが、100 語程度の英文は 30 分で出来上がります。この 100 語程度の英文を音読し、内在化します。SSCC は高 3 生で週に 1 回行いますので、生徒の頭の中にはこのパラグラフが最低 20 以上、入ることになります。

　著者が教えた生徒さんたちは、英文を書くことが得意になります。実際に考えて書くという行為を積み重ねるからです。この「積み重ね」が大切なのです。

　この SSCC を行うと、生徒は自分で自分の英文を直します。同じミスを何度も直すことで、自分のミスの癖がわかります。結果としてミスが減っていきます。ここで基本的な英文を書く力が備わっていくのです。

　それでは、実際に一緒に挑戦してみましょう。

教員：「昔、英国の小さな町にある少年が住んでいました。」英語にして書いてください。
生徒さん：英文をノートに書く。
教員はボードに模範英文を書く。**Once upon a time, there lived a small boy in a small town in England.**
生徒さん：自分の書いた英文と模範英文を比較し、赤ペンで添

削する。ここで自分のミスの傾向を知り、同じミスをしないようになる。

教員：「彼の家はとても貧しいものでした。」英語にして書いてください。

生徒さん：英文をノートに書く。

教員はボードに模範英文を書く。**His family was very poor.**

生徒さん：自分の書いた英文と模範英文を比較し、赤ペンで添削する。

教員：「ある日、彼は食べるものを得るために、川に釣りに行こうとしていました。」英語にして書いてください。

生徒さん：英文をノートに書く。

教員はボードに模範英文を書く。**One day he was going fishing in the river to get food for his family.**

生徒さん：自分の書いた英文と模範英文を比較し、赤ペンで添削する。

教員：「川に行く途中、大きなお屋敷の窓から美しいピアノの音色が聞こえてきました。」英語にして書いてください。

生徒さん：英文をノートに書く。

教員はボードに模範英文を書く。**On the way to the river, he heard a beautiful melody played on the piano from the window of**

a large mansion.

生徒さん：自分の書いた英文と模範英文を比較し、赤ペンで添削する。

教員：「彼はすっかりその音楽に酔いしれました。」英語にして書いてください。

生徒さん：英文をノートに書く。

教員はボードに模範英文を書く。**He was completely fascinated by the music.**

生徒さん：自分の書いた英文と模範英文を比較し、赤ペンで添削する。

教員：「彼はピアノが弾きたくて弾きたくてたまりませんでした。」英語にして書いてください。

生徒さん：英文をノートに書く。

教員はボードに模範英文を書く。**He really wanted to play the piano.**

生徒さん：自分の書いた英文と模範英文を比較し、赤ペンで添削する。

教員：「その年の暮れに彼が駅近くを歩いているとピアノの音色が聞こえてきました。」英語にして書いてください。

生徒さん：英文をノートに書く。

教員はボードに模範英文を書く。**Later in that year, he was walking near the station, when he heard music played on the piano.**

生徒さん：自分の書いた英文と模範英文を比較し、赤ペンで添削する。

教員：「ピアノの近くまで行くと彼は看板を見つけました。そこには誰でもピアノを弾いて良いと書いてありました。」英語にして書いてください。

生徒さん：英文をノートに書く。

教員はボードに模範英文を書く。**When he went up closer, he found a sign. It was written that anyone could play the piano.**

生徒さん：自分の書いた英文と模範英文を比較し、赤ペンで添削する。

教員：「翌日から彼は毎日、毎日そのピアノで音を奏でました。」英語にして書いてください。

生徒さん：英文をノートに書く。

教員はボードに模範英文を書く。**From the next day on, he played the piano every day.**

生徒さん：自分の書いた英文と模範英文を比較し、赤ペンで添削する。

教員：「彼は驚異的な進歩を遂げ、多くの人々が彼の演奏を楽しむようになりました。」英語にして書いてください。

生徒さん：英文をノートに書く。教員はボードに模範英文を書く。**He rapidly improved his piano skills until he could give performances to the people in his town.**

生徒さん：自分の書いた英文と模範英文を比較し、赤ペンで添削する。

教員：「彼の演奏は素晴らしかったのですが、服装はみすぼらしいものでした。」英語にして書いてください。

生徒さん：英文をノートに書く。

教員はボードに模範英文を書く。**His performance was great, but his outfit was shabby.**

生徒さん：自分の書いた英文と模範英文を比較し、赤ペンで添削する。

教員：「ある日、音楽大学の女性教授が彼に援助を申し出ました。」英語にして書いてください。

生徒さん：英文をノートに書く。教員はボードに模範英文を書く。**One day, a female professor at the College of Music offered him assistance.**

生徒さん：自分の書いた英文と模範英文を比較し、赤ペンで添削する。

教員：「彼は彼女の援助で猛勉強し、音楽大学に入学しました。」
英語にして書いてください。

生徒さん：英文をノートに書く。

教員はボードに模範英文を書く。**With her help, he studied a lot and entered a college of music.**

生徒さん：自分の書いた英文と模範英文を比較し、赤ペンで添削する。

教員：「彼は熱心に勉強し、見事、大学でトップの成績を収めました。」英語にして書いてください。

生徒さん：英文をノートに書く。

教員はボードに模範英文を書く。**He studied diligently and brilliantly finished first in college.**

生徒さん：自分の書いた英文と模範英文を比較し、赤ペンで添削する。

教員：「彼は音楽の先生になり、毎月、孤児院でコンサートを開いています。」英語にして書いてください。

生徒さん：英文をノートに書く。教員はボードに模範英文を書く。**He became a music teacher and now holds a concert every month in an orphanage.**

生徒さん：自分の書いた英文と模範英文を比較し、赤ペンで添削する。

教員：「目を輝かせて近づいてくる子供たちに彼はいつも音楽の素晴らしさを話しています。」英語にして書いてください。

生徒さん：英文をノートに書く。教員はボードに模範英文を書く。**He is always telling of the wonderfulness of music to the children gathering around him with their eyes shining.**

生徒さん：自分の書いた英文と模範英文を比較し、赤ペンで添削する。

教員：「そして、彼はこう言っています、好きなことを続けていると人生は必ず、開けるんだよと。」英語にして書いてください。

生徒さん：英文をノートに書く。

教員はボードに模範英文を書く。**Then he says, "Life offers a lot of possibilities if you continue doing what you like."**

生徒さん：自分の書いた英文と模範英文を比較し、赤ペンで添削する。

　書けるようになった英文をまとめると以下のようになります。これくらいの英文が書けるようになれば、あなたの英語力は格段に向上するはずです。さて、どれくらい言えるか、あるいは書けるか、復習してみましょう。以下の日本語を見て、英文が出てきますか？　挑戦してみてください。全く同じ英文である必要はありません。あなたの英語力で表現してみましょう。

「昔、英国の小さな町にある少年が住んでいました。」

「彼の家はとても貧しいものでした。」

「ある日、彼は食べるものを得るために、川に釣りに行こうとしていました。」

「川に行く途中、大きなお屋敷の窓から美しいピアノの音色が聞こえてきました。」

「彼はすっかりその音楽に酔いしれました。」

「彼はピアノが弾きたくて弾きたくてたまりませんでした。」

「その年の暮れ、彼が駅近くを歩いているとピアノの音色が聞こえてきました。」

「ピアノの近くまで行くと彼は看板を見つけました。そこには誰でもピアノを弾いて良いと書いてありました。」

「翌日から彼は毎日、毎日そのピアノで音を奏でました。」

「彼は驚異的な進歩を遂げ、多くの人々が彼の演奏を楽しむようになりました。」

「彼の演奏は素晴らしかったのですが、服装はみすぼらしいものでした。」

「ある日、音楽大学の女性教授が彼に援助を申し出ました。」

「彼は彼女の援助で、猛勉強し、音楽大学に入学しました。」

「彼は熱心に勉強し、見事、大学でトップの成績を収めました。」

「彼は音楽の先生になり、毎月、孤児院でコンサートを開い

ています。」

　「目を輝かせて近づいてくる子供たちに彼はいつも音楽の素晴らしさを話しています。」

　「そして、彼はこう言っています、好きなことを続けていると人生は必ず、開けるんだよと。」

　いかがでしたか？

　さて、英文を音読してみましょう。正しい英文を内在化することによって、あなたの英語力が伸長します。楽しみながら、Try してみましょう。

Once upon a time, there lived a small boy in a small town in England. His family was very poor. One day he was going fishing in the river to get food for his family. On the way to the river, he heard a beautiful melody played on the piano from the window of a large mansion. He was completely fascinated by the music. He really wanted to play the piano. Later in that year, he was walking near the station, when he heard music played on the piano. When he went up closer, he found a sign. It was written that anyone could play the piano.

From the next day on, he played the piano every day. He rapidly improved his piano skills until he could give performances to the people in his town. His performance was great, but his outfit was shabby. One day, a female professor at the College of Music offered him assistance. With her help, he studied a lot and entered a college of music. He studied diligently and brilliantly finished first in college. He became a music teacher and now holds a concert every month in an orphanage.

He is always telling of the wonderfulness of music to the children gathering around him with their eyes shining. Then he says, "Life offers a lot of possibilities if you continue doing what you like".

　さあ、どうでしたか。簡単な日本語も英語に直すときには、色々と考えますね。この練習があなたの英語力を高めていくでしょう。

　少し、レベルを上げてみましょう。こちらは、ある大学入試問題の改題を利用しています。

「漫画の絵の中で、ある少年が手鏡を見ています。その鏡の

中で、自分ではない人物が舌を出して笑っています。それを見て、その少年はかなり驚いている」という絵が描かれています。

　この絵の状況を英語で表現するという問題です。答えになる英文を SSCC してみます。一緒に英文を考えて楽しんでください。

　これからお伝えする日本語を英語にして、ノートに書いてください。自分が考える英文を思い切って書いてみてください。間違っても良いです。とにかく自分で考えて書くことが重要です。では、始めます。

教員：「その少年は手に鏡を持っています。そして、彼は非常に驚いているようです。」英語にして書いてください。
生徒さん：英文をノートに書く。
教員はボードに模範英文を書く。**The boy is holding a mirror in his hand and he is very surprised.**
生徒さん：自分の書いた英文と模範英文を比較し、赤ペンで添削する。ここで自分のミスの傾向を知り、同じミスをしないようになる。

　ここで、生徒さんから質問を受けます。例えば、自分はhave を使ったけれども、良いのかどうか気になるでしょう。同じ持つという意味ですが、ニュアンスが異なります。have

は自分で意識して手に持ってはいません。例えば、I have black hair. は正しい英文です。生まれつき黒い髪なので have が正しいのです。しかし、意図的に手に持っている場合には hold を使います。ここでは、自分の意志で鏡を持っている可能性が高いので hold を使います。

教員：「鏡に映っている顔は奇妙な表情だった。」
生徒さん：英文をノートに書く。
教員はボードに模範英文を書く。**He looks silly in the mirror.**
生徒さん：自分の書いた英文と模範英文を比較し、赤ペンで添削する。

教員：「それは彼をからかっているようだった。」生徒さん：英文を書く。
教員はボードに模範英文を書く。**It looks as if the face in the mirror is teasing him.**
生徒さん：自分の書いた英文と模範英文を比較し、赤ペンで添削する。

教員：「彼は困っているようだった。」
生徒さん：英文を書く。
教員はボードに模範英文を書く。**He looks unhappy and confused.**

生徒さん：自分の書いた英文と模範英文を比較し、赤ペンで添削する。

教員：「**この場面はおかしいと思います。**」
生徒さん：英文を書く。
教員はボードに模範英文を書く。**I think this scene is crazy.**
生徒さん：自分の書いた英文と模範英文を比較し、赤ペンで添削する。

教員：「**それは漫画の中で見るようなものです。**」
生徒さん：英文を書く。
教員はボードに模範英文を書く。**It's like a scene of a comic story.**
生徒さん：自分の書いた英文と模範英文を比較し、赤ペンで添削する。

教員：「**もしこのことが私に起こったら、私は非常に驚いて鏡を落として、壊してしまうでしょう。**」
生徒さん：英文を書く。
教員はボードに模範英文を書く。**If this were to happen to me, I would be so surprised that I might drop the mirror and break it.**
生徒さん：自分の書いた英文と模範英文を比較し、赤ペンで添削する。

　英文をまとめると以下のようになります。74 words のパラグラフを学んだことになります。この英文を音読して、内在化します。すると、何も見なくてもこのくらいの内容を英語で話せるようになります。英語力が向上します。自分が英語を言えるようになったかどうかは、日本語を見ながら英語が言えるかどうかを自己チェックすると良いでしょう。

「その少年は手に鏡を持っています。そして、彼は非常に驚いているようです。鏡に映っている顔は奇妙な表情だった。それは彼をからかっているようだった。彼は困っているようだった。この場面はおかしいと思います。それは漫画の中で見るようなものです。もしこのことが私に起こったら、私は非常に驚いて鏡を落として、壊してしまうでしょう。」

The boy is holding a mirror in his hand and he is very surprised. He looks silly in the mirror. It looks as if the face in the mirror is teasing him. He looks unhappy and confused about it. I think this scene is crazy. It's like a scene of a comic story. If this were to happen to me, I would be so surprised that I might drop the mirror and break it. (74 words)

　この活動を１週間に１度、必ず行います。１年で 35 週授業

を行いますので、35種類のパラグラフを内在化することになります。簡単なショートスピーチが35種類、自分の脳内に蓄積されます。何も見ないで、英語で表現できることはとても嬉しいですね。そしてぜひ皆さんに行ってほしいことは、応用することです。内在化された英文をほかの表現に変えて、発信してみましょう。

　SSCCを行う場合は、生徒さんが退屈しないように、テンポやリズムが大切です。また、文法・語法の気づきがあることも重要です。また、覚えたい英文をSSCCするととても覚えやすいと思います。

　このSSCCは、教科書で習った内容を復習する場面でも有効です。各レッスンが終了した後、SSCCで確認します。語学は何度も復習することで、習得できます。理解した英文をSSCCで復習し、内在化することで定着します。

　また、授業担当教員が急遽病気などで不在になった場合にも、生徒さんにノートさえあれば、別の教員でもSSCCの授業を行うことができます。教材となる英文は、そのクラスがこれまで読んだことのある英文を使うことで復習もでき、発信力強化になるでしょう。

　これは英語力の高い集団に対しても良い活動です。英語検定1級を持っている人であっても、英作文は簡単なことではありません。重要な英文を書き、自己添削し、音読し、内在化しま

す。積み重ねることで英語力は向上し続けるでしょう。

● COC（連鎖意見英作文）

　次に、英作文での「流暢さ」「fluency」を鍛える手法を紹介します。これまで、流暢さを鍛える指導方法は非常に難しいものとされ、個人が書いた英文を添削すること以外になかなかありませんでした。しかし、この流暢さを鍛えなければ、英語を自由に使いこなすことは難しいでしょう。その中で6年前に、何とかしたい一心で研究開発し、ついに完成した指導方法がCOC です。流暢さを鍛えるには、英文を書く人が真剣に英文を書く環境設定ができるかどうかに成功の鍵がありました。

　つまり必要な環境設定は、自分の書いた英文をすぐに他人が読み、考えるという緊張感です。他人の意見を英語で読んで即座に考えながら英文を書くことができれば、学習者の流暢さは向上すると考えました。学習者は何より自分で書いた英文が伝わらなければ意味がありませんので、できるだけわかりやすく伝わる英文を書こうとします。また、時間が限られているので、その中で沢山の英文を書く意識が生まれます。

　COC は、「Chain Opinion Composition」「連鎖意見英作文」と命名されています。

　実施方法です。まず、テーマを伝えます。そして、用紙を配

布します。用紙はＡ４で表と裏に大きな四角の空欄を２つずつ印刷しておきます。その用紙に英文を記入することになります。流暢さを鍛えるので、一文でも多くの英文を書くように伝えます。指導手順です。

（１）５分間で、決められた１つのテーマに沿って、できるだけ多くの英文を書きます。この決められたテーマというものは、様々な分野から出題されます。例えば「あなたは学校の制服は必要だと思いますか？　賛成でも反対でも、その理由を論理的に英語で記入しなさい。ただし、100 語程度とすること」「誰かに反発した経験とそこから学んだことを 100 語以内の英語で書きなさい」「あなたが考える良い先生の条件について 100 ～ 150 語程度で記入しなさい」「あなたが１億円をもらいました。１週間で使うことが求められています。100 語程度で、英語で記入しなさい」「人と意見が対立した時、あなたはどのように対峙してきましたか。その内容を 100 語程度の英語で記入しなさい」というようなテーマで記入します。

（２）空欄が４つあるうちの最初の空欄に、自分の意見を英語で書きます。名前も忘れずに記入します。時間は５分です。５分後、自分で書いた用紙を後ろの席の人に渡します。その人は２番目の空欄に意見を英語で書きます。教室の縦の列が自分に関係する列です。教室内の縦の列のすべてで行います。最低

4 人がいれば行うことができます。

　最後尾の人は一番前の人に自分の用紙を渡します。これで、全員の用紙がローテーションしました。5 分間でできるだけたくさん書くように伝えます。テーマは 1 つで全員共通です。自分が書いた英文を次の人が読みますので、適度な緊張感で一生懸命に記入します。

　（3）5 分の時間内で、他の人の英文を素早く読んで考え、また英文を書きます。ここでのポイントはできるだけたくさんの英文を書くことなので、内容は変化しても構いません。つまり、学校の制服について書いているとして、最初は反対の意見を書いていたが、他の人の意見を読んで自分の意見が賛成になっても良いのです。とにかくたくさん書くことが重要なのです。

　5 分間×4 回で、20 分間英語を書き続けることになります。テーマは 1 つです。

　しかも、自分の英文はすぐ近くの級友が読みます。緊張感と集中力を持ちながら、英文を書くことになります。

　（4）結果として、1 枚の用紙に 4 人の意見が書かれます。4 回のローテーションが終了しましたら、最初に記入した人に用紙を渡します。自分の用紙が帰ってきたら、全ての英文を素早く読んで、最後にそれぞれの生徒が自分の用紙に感想を書いて

終了となります。完成した用紙を教員に提出します。英文の添削はしません。正しい英文は前述の SSCC で学ぶので、ここではひたすら書くのです。

　この COC を週に 1 回、必ず行います。すると、生徒さんたちの英文を書く能力が飛躍的に向上します。英作文の指導はとても難しいものでした。そのため、個人添削しか有効な手段がありませんでした。この COC では、一度に多くの生徒さんと活動でき、非常に有効です。その場で考えて英文を書くという経験が圧倒的に不足しているので、日本人にとってこの経験を得ることはとても貴重なものとなるでしょう。

　注意点があります。この活動では、参加している学習者が一生懸命に書かなければ成果は乏しいでしょう。クラスには英語の得意な人も不得意な人もいます。得意な人の英文はミスが少なく、充実した英文が並びます。その英文を読んだ他の学習者に与える効果は計り知れません。この活動を 3 か月続けるとクラス全体の英語力が向上していることを発見できます。

　逆にやる気のない人の英文は得るものが少ない場合もあります。一番ひどいのは、内容にメッセージ性がないということです。英語力が低くても、考えている内容の質が高ければ、いつか英語力が向上した時に素晴らしい英文になるでしょう。しかし内容のレベルが低い場合は、非常に陳腐な内容になってしまいます。この活動の注意点は、活動の意義を正確に伝え、一生懸命に内容を考えることがいかに重要かを伝えることです。

　このCOCの活動は他の学校でも取り入れられています。導入する学校は増加傾向にあります。英語の流暢さを向上させる有効な活動になっています。

　あなたがこのCOCの授業を受けているとして、どのように進むか見てみましょう。お題です。

「小学校から英語が正式科目として導入されています。このことについてあなたの意見を英語で書いてください。」

　用紙が配布されます。用紙は下記のようになります。実際に

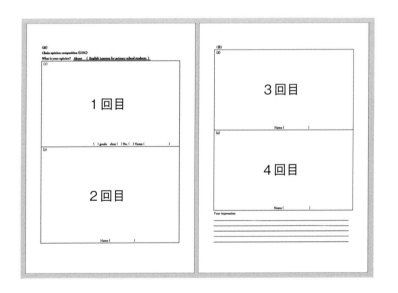

はA4用紙の表と裏に印刷されています。

（1）クラス、番号、名前を記入します。そして、先生の合図で書き始めます。この用紙の（1）に自分の意見を英語で書きます。字は小さくて構いません。他の人が読める程度で構いません。時間は5分間です。目的はたくさんの英文を書くことですので、ひたすら書き続けます。「時間です」と言われたら、最後の英文を書き、自分の後ろに座っている人にこの用紙を渡します。あなたは列の最前列にいるとしましょう。あなたの後ろのAさんBさんも同じように自分が書いた用紙を列の後ろの人に渡します。教室のすべての縦の列で同じことが行われます。つまり教室全体で皆が同じことをします。

（2）2回目　5分間で前の人が書いた英文を素早く読んで、考え、自分の意見を英語で書きます。時間は5分です。5分間でひたすら英文を書きます。「時間です」と言われたら、最後の英文を書き、終了します。

（3）3回目　用紙が教室全体で同じように移動します。終了しましたら、3回目の書く時間になります。この時、自分のところに来た用紙には2人分の意見が英語で書かれています。テーマは同じです。やはり、素早く読んで、考え、自分の意見を書きます。同じ意見を深めて書いても良いですし、他人の意見に自分の意見をぶつけても良いです。目的はたくさんの英文

を書くことですので、ひたすら書くことに違いはありません。時間は5分間です。「時間です」と言われたら、最後の英文を書き、終了します。後ろの人に渡します。

（4）4回目　用紙が移動しましたら、用紙に向かいます。今度は3人分の意見が書かれています。素早く読んで、自分の意見を書きます。やはり時間は5分間です。ここまでくると英文を書くことに自分の脳が慣れてきますので、かなりスムーズに英文が書けます。教室全体が英文を書いていますので、自分も必死に英文を書きます。この環境が大切です。「時間です」と言われたら、最後の英文を書き、終了します。自分の手元にある用紙には、4人の意見が英語でびっしりと書かれています。この用紙の1回目の枠の、一番最初に書いてある名前の人に用紙を渡します。それぞれ全ての生徒さんにも最初に書いた用紙が返ってきます。最初に自分で書いた意見にたいして自分以外の3人の意見がどのように書かれているか、素早く読みます。

（5）最後に Your impression の部分にそれぞれ自分の意見を英語で書いて、終了になります。

　すべての作業は30分程度で終了します。この活動を行うことで、学習者の皆さんの Writing 力はかなり向上します。
　生徒の書いた用紙はすべて著者が保管しています。この

COCを行うようになってから、生徒の英文を書くスピードが速くなりました。英文を考えて書くことがスムーズになっているのです。

　私たちの多くは、英文を日常的に書くという機会をほとんど持っていません。著者の授業では、週に1回はこの書く活動を行っています。年間20回以上書くことで、英文を書くことに慣れていくのです。さらに、同級生の中には英検1級や準1級、2級をとっている者もいます。彼らが書いた素晴らしい英文に触れることで、自分の英文に対する気づきが起こります。この「気づき」こそ、「学び」です。毎週行われるCOCがクラス全体に波及効果を及ぼし、全体のレベルが上がっていきます。つまり、「自分で考えて英文を書く」→「他の人が書いた英文を読み、考える」→「自分で再度、考えて書く」このプロセスが、英文を書く際の「言語体験」として「積み重ね」られていきます。この考えて書くというトレーニングが貴重な体験となるのです。

　以前の学校現場では、このような活動が行われることはほとんどありませんでした。英文を書く体験こそが、英文を書ける人材を育成します。前述のように、この手法は今、全国の高等学校で導入されはじめました。しかしまだまだ少ない状況です。この手法が日本中に広がれば、日本の高校生の英作文力は向上するでしょう。

● 英文法は音で学ぶ

　どんな技能も理論ばかりで実際に体験しなければ、できるようにはなりません。

　水泳において、陸上で何万回もバタ足練習や筋力トレーニングをしたところで、水の中でのトレーニングをしない限り、泳げるようにはなりません。車の運転も同じです。車の中でハンドルやアクセルの理論を学んでも実際に動かさなければ、やはり車の運転はできません。英語も実際に読んだり、書いたり、聞いたり、話したりしなければ使えるようにはならないのです。英文法にもこの状況は当てはまります。どんなに詳しく英文法を学んでも、それらを使って読んだり、書いたり、話したりしなければ定着することはないのです。今までの英文法の学びは、講義で理論を聞いて、練習問題を解いて、答えを書いて採点していました。これだけでは英文法は身に付きません。そこで、このトレーニング方法が生まれました。

　英文法の定着には、パターン・プラクティスが有効です。パターン・プラクティスとは、1940 年から 1980 年くらいまでに日本に導入された、英文法の基礎を音声で習得する英語の習得方法です。例を示します。「私は犬を飼っています」を英語に直します。I have a dog. となります。主語を you に変えます。You have a dog. 主語を She に変えます。She has a dog. 主語を They に変えます。They have a dog. になります。主語を We に変えます。We have a dog. 以上の英文を疑問文に変えます。Do you have a dog? ／ Does she have a dog? ／ Does he have a dog? ／ Do they have a dog? 次は否定文に直します。……というように、基本になる英文の主語や動詞や目的語を変えたり、文自体を否定文や疑問文に変えたりします。つまり、基本文からパターンに従って変化させながら、文法練習する方法がパターン・プラクティスです。このトレーニングを「音声」中心で、ペアで行うことにしました。音声で行いますので、練習が十分にでき、実際の発話の体験になります。また、ペアで行うので、適度な緊張感と集中力の中で練習ができます。自分が気に入った英文法の問題集を手に入れ、書いて解くのではなく、音声で解くようにすれば良い効果を得ることができるでしょう。英文法問題集を書店で自由に選び、自分で解答を確認しながら音声で解くことができます。できれば、誰かに音声で答えを言い、○×を言ってもらうと良いでしょう。多くの問題を音声で解いて、すぐにその答えが○か×かがわかった方が、良い練習になります。この方法でたくさんの文法問題を解いて、英語力が向上した高校があります。

　北海道立室蘭清水ヶ丘高校もその一つです。英語の基礎が充実すると生徒の英語力は向上します。英語力が向上すると、大学入試問題でも良い点数が取れる人が多くなります。英語で自信がついた生徒さんは他の教科でも勉強が進むようになります。これは成功体験が人を成長させるからです。

● PPP（パターン・プラクティス・ペアワーク）という手法紹介

　PPP は上記の通り、「Pattern Practice Pair-work」の略語です。二人で行う活動で、一人は問題だけを見て答えを音声で言い、パートナーはその音声が合っているか、間違っているかをその場で判定します。すぐに解答がわかるので、スピード感があります。相手がいるので、適度な緊張感と集中力が生まれます。学校の授業中に行うと短時間でどんどん進みます。この手法で英文法が面白いように定着しています。大切なことは、解答の英文に日本語訳が付いていることです。問題を考える人は当然のこと、解答をジャッジする人も解答の英文を見ながら、日本語訳もあるので良い学習になるのです。ペアワークが二人の気付きを生み出し、刺激的な学習になり、長期記憶に落とし込むことが出来るのです。とても効果的な活動で、多くの生徒が英文法を習得しています。

　この手法は自分一人でも可能です。音声で言いながら問題を解きます。この音声をスマートフォンに録音します。設問の区切りの良いところで、解答をチェックします。間違っているところを自己チェックするのです。これで、一人でペアワークを行うことができます。

　今までは、問題を解くには答えを記入することが主流でしたが、全て文字化する必要はないということがわかりました。大事なことは、自分の頭で考えることです。そして、音声で問題

を解きます。頭脳でよく考え、音声で確認することで、確認作業が早くなり、より多くの英文に触れることができます。

　英語力は言語体験の質と量で決まります。より多くの言語体験が豊かな英語力を育成します。自分にどれだけ投資するかという感覚で、自分を鍛えるとやり甲斐も感じるでしょう。

　それでは、仮定法の問題を用いて、PPP の実践をしてみましょう。A さんと B さんのペアが行う設定です。

〈A さんが見る問題〉

　カッコ内の語句を、順番を変えずに使って、英語にして、声に出して言いなさい。不足語は補い、語句は必要に応じて変化させても良い。

1　(he, talks, as if, he, know, something)
2　(if, it, be, not, for, your help, we, would, given up, by then)
3　(they, talked, as if, I, break, the window)
4　(if, it, not, be, for, the accident, they, would, have gone, home, earlier)
5　(it, is, time, you, go, to, bed)

　A さんは、問題の英文を考え、声で答えを言います。B さんは答えを聞きながら、下記の答えを見て OK とか Good と言い

ながら反応します。

〈Bさんが見る答えの英文〉

He talks as if he knew something about it.

（彼はまるで何かを知っているかのように話す。）

If it had not been for your help, we would have given up by then.

（もしあなたの助けがなかったら、私たちはその時までにはあきらめていただろう。）

They talked as if I had broken the window.（彼らはまるで私が窓をこわしたかのように話した。）

If it had not been for the accident, they would have gone home earlier.（もしその事故がなかったら、彼らはもっと早く帰宅していたであろう。）

It is time you went to bed.（もうベッドに入る時間です。）

　一度ペアで行った後で、AさんとBさんは交代して、もう一度行います。じつは答えを聞いている人は正解の英文を見ながら、考えています。交代することでもう一度、考えます。反復が内在化を促します。

　この活動をふんだんに行うことで定着が進みます。とても効果的な活動です。英語力が向上する生徒さんが続出しています。

● 教えない英文法

　コミュニケーションに必要な英文法が理解できれば、英語の4技能を行うとき、適切な英語を使うことができます。学校などで講義式の授業を聞くだけでは、英文法をマスターすることは難しい。それが受動的な学習だからでしょう。自分から動く能動的な学習でなければ、自分の頭脳に残らないですね。人は自分で考えて動くことではじめて定着させることができます。

　高校の総合英語の本を読みながら、膝を打つような気付きがあれば、それを自分のノートに記入していく。このノートが自分の知らなかった英文法の本になります。このノートを何度も見返すことで、気付きが長期記憶になります。貴重な知識を長期記憶に落とし込めば、一生の宝物になります。英語学習するときにはこれらの知識が総動員され、理解、内在化、発信のサイクルで学習すると、基本がしっかりとできることになります。

　例えば、「～させる・してもらう」という意味で使われる動詞を使役動詞と言います。この使役動詞は、「make, let, have, get, force」などがありますが、使い方はそれぞれ違います。強制力が強いのが make です。普通の総合英語の本では強制の強さで解説されることが多いのですが、目的語になる人物に焦点を当てると、とても理解しやすくなります。make の目的語になる人には、その行為を行う意志はありません。しかし、let の目的語の人にはその行為をしたい意志があるので、許可して

もらうニュアンスがあります。なので、Let me introduce myself. は良いのですが、Make me introduce myself. は非常に奇妙な英語になります。実際に使うとネイティブからは奇妙な表情をされてしまうでしょう。

●「気付きノート」で実用的な英文法を学ぶ

　いま紹介したように、総合英語などを学びながら「なるほど」と思う気付きをノートに書きます。これが「気付きノート」です。学びの中で自分が貴重だと思っている内容は忘れたくないものであり、大切なことを何かに書き留めるのは自然なことです。英文法の気付きを自分の基準でまとめたこのノートは、その人にとって英語のトリビアの宝庫です。高校 1 年生では、このノートを週に一度見てもらいます。学びが習慣になれば、先生にチェックしてもらう必要はありません。長く学習を続けると、この気付きノートが蓄積していきます。自分のノートが自分の学習量として可視化でき、やる気が出ます。

● 認知言語学で英語表現が変わる

　この約 30 年間で、認知言語学の研究が進みました。そして

ネイティブの方々が状況に合わせて、どのような英語を使っているのかが解明されてきました。つまり、ネイティブが話している英語の「気持ち」の状況が、明確になってきたのです。

例えば、ネイティブは主語を明確に言う傾向にあります。その原因が分かりつつあります。認知言語学の研究では話者が状況を見つめる視点が違うことが分かっています。

ネイティブは自分の会話の状況を第三者的に見ています。つまり、英語を話している場面の外にいる感覚です。ですから、主語を明確にしなければ、会話が成立しません。それに対して、日本人はいつもその場面の中にいます。会話しても、文章を読んでも、その場面の中に一緒にいますから、主語を言う必要がないのです。生活習慣や文化の違いが大きく影響しているのでしょう。この日本人の視点を「場面内視点」、ネイティブの視点を「場面外視点」と言います（出典：『脳のしくみが解れば英語がみえる』濱田英人 著）。ネイティブの視点や英語の使い方、そして心の中が分かれば、日本人の英語はとても通じやすくなるでしょう。

● ネイティブと日本人の感覚の違い

欧米の多くの人たちは、当然ですが欧米流の教育を受けています。その中で特に特徴的なことは、「論理の展開」です。小

論文を読むとその構造がよく分かります。英語の小論文は序論でまず言いたいことを簡潔に伝え、本論で事例や事実から言いたいことに関する理論を展開します。この時、データの紹介や歴史的事実、現状とその原因などを述べます。このパラグラフが重要になります。長さも一番長くなります。個人的な経験から理由を述べられることもあるでしょう。

　そして、いよいよ結論となります。ここでも事実の集積から、序論から本論で展開してきたものをまとめ、結論とします。

　欧米の教育では、何かを伝えたい場合、事実や現象、データなど客観的な要因を述べて、だからこの結論になるのだという展開が出来るように教育されていきます。要因をいくつか述べて、すぐに結論に向かいますので、人が何かを伝えるとき、あまり時間がかからないのです。証拠になる部分の量が多い場合は別です。基本は、リズム良く物事が展開するという印象です。欧米の意見陳述もディベート的とも言えるでしょう。最初に結論を示し、その理由を事実や要因から理由付けし、結論に向かいます。

　日本人の論理展開の特徴はどのようなものでしょうか。日本的な論理の展開は、結論に向かって、様々な要因について深く述べていきます。直線的にゴールに向かう欧米型に対して、日本は多くの要因を述べながら、深く入り込む「渦巻き型」と言えるでしょう（出典：カプラン〈1966〉論文から）。日本型は論理の展開が全ての要因に言及し、方向性も変化しながら論理

が展開しますので、時間がかかります。比較的リズム良く進む
欧米型から見ると、早く進まない印象を与える可能性もありま
す。方向性も変わりますので、注意深く聞き取らなければ、そ
の本意を見失うこともあります。

　英語での理論展開も、序論・本論・結論を意識し、直線的に
ゴールに向かうように意識すれば、良い小論文ができ、良いコ
ミュニケーションが成立します。日本型とは違うわけです。こ
のような考え方の違いを理解することで、英語も使いやすくな
るでしょう。

高校での英語学習

大阪大学外国語学部外国語学科英語専攻

川口　隼

　私は立命館高校での三年間、今井先生に英語を教えていただきました。その三年間を通して高校での英語学習において大切だと私が感じたことがあります。それは五技能（reading, listening, writing, speaking, interaction）にわたる学びとインプット・アウトプットです。高校での学びというのは、英語に限らず、大学に入るため試験で点数を取ることに重きがおかれてしまいます。入試という制度がある限り高校での学びがそのようになってしまうのは必然のように思われます。私の高校での学びにも試験で点数を取るための要素があったことは否定しません。確かにありましたが、英語はその要素だけではありませんでした。結果としては点数に結びつくことでしたが、その目標や目的はもっと別のところにあったように思われます。

　五技能にわたる学びは長文演習の際に見られました。長文問題を扱う授業では、予習として長文問題を解いてきてその授業

内で答え合わせやポイントの解説がありました。ここまではごく一般的だと思います。しかしここから「内在化」に移ります。リスニングやシャドウィングによりその英文を音として脳内に入れます。こうして「内在化」された知識を活用してその英文の要約 (summary) を書き、次に自分の考え (opinion) を書きます。ここまでの過程で五技能のうち reading、listening、speaking、writing の 4 つは含まれていました。ここからの interaction にあたる部分が私の思う今井先生の授業の最大の特徴であると思いますし、私はこの活動に一番力を入れていました。その活動は自分の考え (opinion) を書いた紙を教室の縦の列で順番に回し、他者の考えを読み自分の考えを書き再び回す、というものでした。この活動に私が力を入れていた理由は二つあります。

　第一に他者の意見を知ることや、自分の考えに対する他者の意見を知ることで、新たな考え方の発見や客観的な視点を得られるからです。特に自分の考えと反対の意見はとても有効的です。二つ目ははっきりとした意思表示ができるようになるからです。この活動の他者の意見に対する自分の意見を書く時間は 5 分ほどでした。そのため他者の意見を素早く読み、理解して、その意見に対する自分の立場（agree or disagree）を明確にする必要があります。他者の意見を理解しそれに対する自分の立場を示すことはグローバル化する現代に必要な能力の一つであると思います。特に日本人は意思表示が他国に比べ弱いといわれています。その弱みを克服していかなければ、日本人は国際化

社会に取り残されてしまうのではないでしょうか。

　次に私が高校での英語の勉強において心がけていた事として
インプット・アウトプットについて述べたいと思います。イン
プットは授業や自習において知識を頭に入れる事であり、多く
の人がこれを勉強だと考えているように感じます。しかし、私
はアウトプットこそが英語の勉強だと考えています。もちろん
インプットも英語学習の重要な一つの要素であるとは思います
が、それ以上にアウトプットが重要だと思います。英語を学ぶ
ことは言語を獲得する過程と同じです。私たちが母国語を獲得
する過程において、両親から聞いた言葉を繰り返しオウム返し
のように口にしていたはずです。私は高校での英語学習を幼少
期の言語獲得のように位置付けていました。英文を音で聞き、
それを真似て発音するという事をよくやっていました。

　このように私の高校での英語学習は五技能にわたる学びとイ
ンプット・アウトプットが二つの大きな柱になっていました。

英語の学びについて

京都府立医科大学医学部医学科大学院在学

西村真衣

　今井先生には高校３年生の１年間英語を教えていただきました。高校３年生は大学受験に向けて難易度の高い応用問題を解こうとしがちですが、今井先生はまず基本的な文法、単語、読解問題の解き方から教えてくださいました。英作文は毎回例文を10文ずつ暗記し、小テストで確認してくださることで、自由英作文のときもすらすらと文法が頭に浮かぶようになりました。その中には少し複雑な例文もありましたが、文をまるごと覚えることでイメージがつかみやすく、とても学びやすかったです。英文読解の授業では文の要点をつかみながら読む訓練をしました。朝テストの時間に速読の時間があったことで読む速度もぐんと上がりました。また、速読の教材は適度な量と難易度だったのでセンター試験前に読解力を上げたいと思った際に再度自習として使うことができました。

　私の第一志望の大学は英語の筆記試験の中に自由英作文があったのですが、なかなか１人で自由英作文の力をつけることが難しく悩んでいたところ、今井先生に毎週添削していただく

ことになりました。過去問などから問題をピックアップし、初めは文章の構成を意識しながらとにかく文章を書くことに慣れる努力をしました。最初の方はなかなか文章が出てこなかったり英語にうまく表すことができなかったりしましたが、日頃の文法の授業で少しずつ文章を作る力がつき、納得のいく英作文が作れるようになっていきました。毎回の添削では、文法や文章の構成だけでなく、考え方やアイデアまでアドバイスしてくださり、英語力以外にもたくさん学ぶことができました。私は幼稚園の頃から小学生まで英会話教室に通っていたこともあり、英語は一番の得意教科でしたが、高校3年生で違った切り口から英語を学ぶことで英語の面白さ、奥深さを知ることができました。

　ここからは高校を卒業してからの英語の学びについて書きたいと思います。大学生になると今まで毎日あった英語の授業が週に2時間になり、極端に英語に触れる機会が少なくなりました。英語は使わないとどんどん忘れてしまいます。自分でもそれを実感するようになりました。また、高校生までは受験英語として主に英語を勉強していましたが、英語はコミュニケーションツールであるということを感じるようにもなりました。

　私は医学部に進み、学生の間に留学して海外の医学を学んでみたいという夢があったので、今度はコミュニケーションツールとしての英語力を伸ばすために英会話教室に通い始めました。よく言われるように、英語には読む、書く、聞く、話すの

４つの要素があります。読む、書く、の２つの要素は中学校や高校で力をつけることができたため、今度は話す、というところに集中して勉強するようにしました。自分の言いたいことを伝えるためには難しい文法や単語よりもいかに簡潔な文法で分かりやすく伝えるか、を考えることが大切です。これは自由英作文で今井先生に添削していただいていたときによく言われたことでした。英会話教室に通い始めて４年が経ち、始めの頃よりはずいぶんすんなりと英語が話せるようになったと思います。そして今、私は大学５回生になり、無事留学の選考基準をクリアし、イギリスの医学を学んでいます。

　今私がここで留学できているのは、英会話教室に通わせてくれた両親や、中学高校で英語の学びの奥深さを教えてくださった今井先生を始めとした英語科の先生方、学生のときに留学した先でお世話になったホストファミリーなどたくさんの人のおかげだと思います。英語のおかげでたくさんの人と関わり、様々な経験をすることができました。何より楽しく学べたからこそ今までモチベーションを保ってこられたのだと思います。今後医師として働く上でも英語は不可欠になるので、今まで以上に楽しく英語を学んでいきたいです。

英語で世界を楽しんでみよう——あとがきに代えて

　旅行で英語が出来れば楽しみは増える。世界中、どこでも英語は通じやすい。行き場所や方法など、具体的な料金まで交渉ができるので、より良い旅ができそうです。情報を得ることができれば、安くて美味しい料理を追求できます。

　さらに英語が出来ると、本やネットで英文を読める。英文による情報獲得が容易であれば、膨大な情報が手に入ります。日本語と同じように英語で読書ができれば、異なる文化や歴史の理解が進みます。これも魅力です。さらに英語でインターネット画面を理解できますので、海外からの情報を即座に手に入れることができます。これも情報量が多くなりますので、色々な行動を起こすことが可能になるでしょう。また、ネットオークションも可能になります。自分が売りたいものを英語で発信できれば、日本独自の製品をネットオークションに掲載できます。自分が不要なものを出品することで、購入希望の海外の方に喜んでもらえるメリットもあります。

　さらに TV 番組を副音声で見ることができます。英語独特のジョークに耳を澄ませましょう。新たな気付きが生まれ、自分の英語力が向上します。もちろん、映画も字幕なしで見られるようになれば、臨場感豊かに映画を楽しむことができるのです。

英語ができると、海外のボランティア活動に参加できます。観光通訳やガイドもできます。私の知人は豪華客船による世界一周旅行の通訳として旅をし、楽しんでいます。いずれにしても、英語ができるということで、自分の仕事の可能性は広がります。世界各地に友人知人ができる人生も良いのではないでしょうか。

　好きな分野で、プロとして活躍することができます。例えば、服飾関係のバイヤーは英語が必須です。モード関係が好きな人が世界の服を見て、日本で人気になりそうな服を海外で購入し、販売する仕事も素敵です。さらに、自分が好きな商品を求めて世界に出ていき、日本で販売することも良いビジネスでしょう。日本人の感性で見出した優れた海外の商品は人気になるでしょう。海外が好きな人は、日本語を海外で教えてはいかがでしょうか。海外の日本語学習の需要もあります。英語ができれば、日本語を教えることができます。

　少子高齢化の日本ではマーケットが縮小しています。これからは世界が市場になるでしょう。英語ができるというメリットを最大限に生かして、ビジネスするという視点で行動することができます。

　この本ができるまでに多くの人のご協力をいただきました。本当にありがとうございました。紙面の関係上、全ての人のお名前を記載することは避けますが、特に感謝の意を表すべき人がいます。

　まず、西村真衣さんと川口　隼君に手記をいただきました。実際に英語を教えた教え子から貴重な感想をいただけたことは教師冥利に尽きます。ありがとうございました。

　さらに、データの整理やアドバイス等大変なご協力をいただいた育英西中学校・高等学校の上田佳代先生、立命館中学校・高等学校の廣松光一郎先生には特段の深謝をいたします。ありがとうございました。

　また、常日頃、英語教育のみならず、多方面から示唆をいただいている立命館大学の山岡憲史先生には今回、多くのご指導をいただきました。心より感謝申し上げます。

　また、青灯社の辻一三氏には、本当にお世話になりました。常に読者が理解しやすいか否かという重要な視点からアドバイスをいただきました。編集のプロの的確なアドバイスやサポートでこの本がより良いものになったと確信しています。ありがとうございました。

　そして、最後までこの本をお読みいただいた読者の皆さんに心からお礼申し上げます。皆さんの英語の学びが益々深まりますことを京都（烏丸）より願っています。今後も英語の学びをお楽しみいただければこの上ない著者の喜びです。ありがとうございました。

　なお本書は『英語の発信力を強化するレッスン』（2020年6月刊）の新版です。旧版の内容に不備がありましたので新版を作成いたしました。読者のかたがたには多大なご迷惑をおかけ

し、まことに申し訳ございませんでした。作成にあたり、立命館大学の山岡憲史先生には多大なご協力をいただき、さらに感謝申し上げます。ありがとうございました。

今井　康人

今井康人（いまい・やすひと）立命館中学校・高等学校に勤務。1960年生まれ。札幌大学外国語学部英語学科卒業。音読・暗写を核とした英語学習法「HCラウンドシステム」をチームで開発・実践し、注目された。1996年から2013年まで実用英語技能検定面接委員。2014年6月に新英作文指導法「SSC（同時自己添削英作文）」とCOC（連鎖意見英作文）を研究開発。英語教員対象の教育セミナーを全国で1年に10回程度行っている。著書：文部科学省検定教科書 Departure English Expression I（分担執筆、平成27、28年度版、大修館書店）、『スーパー英文読解 英語を自動化するトレーニング基礎編・応用編』（単著、アルク）、『ゼスター総合英語』（監修・分担執筆、Z会出版）、『英語力が飛躍するレッスン』（単著、青灯社）、『Rapid Reading Level 1, 2, 3』（英文速読教材、単著、美誠社）ほか

英語の発信力を強化するレッスン
［新版］

2020年10月30日　第1刷発行

著　者　今井康人
発行者　辻　一三
発行所　株式会社青灯社
東京都新宿区新宿 1 - 4 -13
郵便番号 160-0022
電話 03-5368-6923（編集）
　　　03-5368-6550（販売）
URL http://www.seitosha-p.co.jp
振替　00120-8-260856
印刷・製本　モリモト印刷株式会社
©Yasuhito Imai 2020
Printed in Japan
ISBN978-4-86228-114-2 C0082

小社ロゴは、田中恭吉「ろうそく」（和歌山県立近代美術館所蔵）をもとに、菊地信義氏が作成